Barbara   Walliser

W0014944

Wanna Waki

Isabel Stadnick

Wanna Waki
Mein Leben bei den Lakota

WÖRTERSEH

Vorbemerkung

Allgemein wird heute weniger von »Indianern« gesprochen, sondern von der »Urbevölkerung« oder der »indigenen Bevölkerung Amerikas«. Der Einfachheit halber wird im vorliegenden Text der Begriff »Indianer« trotzdem verwendet. Einige der Namen im Buch wurden geändert.

Alle Rechte vorbehalten, einschließlich derjenigen des auszugsweisen Abdrucks und der elektronischen Wiedergabe.
© 2009 Wörterseh Verlag, Gockhausen
2. Auflage 2009

Bearbeitung: Franziska K. Müller
Lektorat: Claudia Bislin, Zürich
Korrektorat: Andrea Leuthold, Zürich
Umschlaggestaltung: Thomas Jarzina, Holzkirchen
Foto Umschlag vorne: Caroline Stadnick
Foto Umschlag hinten: Pascal Mora, Zürich
Fotos Bildteil: Pascal Mora, Zürich; andere Urheber sind gekennzeichnet
Karte: Sonja Schenk, Zürich
Layout, Satz und herstellerische Betreuung:
Rolf Schöner, Buchherstellung, Aarau
Lithografie: Tamedia Production Services, Zürich
Druck und Bindung: CPI books, Ulm

ISBN 978-3-03763-007-5

www.woerterseh.ch

Für meine Kinder

Mitakuye oyasin – Wir sind alle verwandt
(Lakota)

Vorwort von Federica de Cesco

Kürzlich, in Tokio, schalteten wir abends im Hotelzimmer den Fernseher ein. Gerade wurde – mit japanischen Untertiteln – ein Western gezeigt. Ein einziges Bild nur, und ich erkannte »The Unforgiven«, eine Hollywood-Schnulze, die ich vor rund fünfzig Jahren gesehen hatte. Das »Unverzeihliche« war, dass einst weiße Siedler ein Kiowa-Mädchen, gespielt von Audrey Hepburn, geraubt und großgezogen hatten. Nun wird die Geschichte bekannt, und das bedauernswerte Geschöpf aufs Heftigste diskriminiert. Die Kiowa kämpfen um ihre Schwester, die Weißen wollen sie nicht hergeben (Burt Lancaster hat sich in sie verliebt), und auf beiden Seiten häufen sich die Toten. Und während ich meinem geduldig lächelnden Mann erzählte, was gleich passieren würde – ich hatte noch alles perfekt in Erinnerung –, wachten die einstigen Wunschträume in mir wieder auf: was, wenn die rehäugige Audrey ihren Spitzenkragen lockern, sich auf ihr weißes Pferd schwingen und dem wunderschönen Indianer nachreiten würde? Aber ach, die süße Audrey sank in Burt Lancasters Arme, nachdem sie den Indianer – oh Schreck und Enttäuschung – mit einem Magenschuss getötet hatte. Bang!

Das Drehbuch war nicht nach meinem Geschmack. Ich erfand ein anderes, das besser zu meinen Wunschträumen passte.

Isabel Stadnick hatte als Teenager ähnliche Wunschträume. Ich aber schrieb nur den »Roten Seidenschal«, während

Isabel Stadnick ihre Träume verwirklichte und bei den Lakota die Heimat ihrer Seele fand. Sie schildert diese Erfahrung in schlichter, einfühlsamer Sprache. Die Welt, die sie erlebte, war voller Schönheit, Zeichen und Wunder und gleichsam harte, gnadenlose Wirklichkeit. Isabel Stadnick akzeptierte diesen Zwiespalt, fand in sich selbst die Kraft, die Dinge, die nicht gut waren, zu ändern. Wunderbare Menschen und liebende, mitstreitende Geister standen ihr dabei zur Seite. Trotz schmerzlichem Verlust und harten Prüfungen wurde die Heimat ihrer Seele für sie ein Ort des Friedens und der Harmonie. Auch nach dem frühen Tod ihres Mannes, der Rückkehr in die Schweiz, nach der Trauer, nach allen Schmerzen und Schlägen des Schicksals ließ die Sehnsucht sie nicht los. Der Gedanke war immer da: »Wanna waki« – zurück in die Heimat! Isabel Stadnick hielt es in der Schweiz gerade mal elf Jahre aus. Jetzt ist sie wieder daheim. Daheim bei den Lakota.

Die amerikanischen Ureinwohner bestanden aus einer Vielfalt von Völkern. Einige gründeten Städte und Hochkulturen, die bis heute teilweise unerforscht sind. Andere blieben Wanderer. Sie lebten von dem, was die Erde ihnen schenkte, und sahen den weiten Himmel und die Gestirne, die den Geist der Menschen zur Weisheit lenken. Für sie war unser Planet – die Erdmutter – das wahrhaft Heilige. Sie wussten, dass man nicht ungestraft Raubbau mit ihr betreiben darf, dass der Mensch sich im Reigen der Schöpfung bewegt und weder die Natur noch die Tierwelt zu beherrschen hat. Ihre Tragödie war, dass sie von Habgierigen überfallen wurden, die zwar die Übermacht der Waffen besaßen, aber viel zu ungebildet und selbstherrlich waren, um das tiefgründige Wesen der Nomaden zu verstehen. Die gewaltigen Herausforderungen, die uns bevorstehen, hatten die amerikanischen Ureinwohner längst vorausgesehen. Ihr Wissen und ihre Weisheit wurden höhnisch missachtet, ihre feinfühlige Intelligenz zerbrach an der derben Borniertheit der Einwanderer. Kluge, weitblickende Menschen wurden gedemütigt, erschlagen, vernichtet. Ihre Nachkommen tragen noch viel Unsicherheit, viel Schmerz in sich. Isabel Stadnick hat es sich zur Aufgabe gemacht, ein Projekt zu entwickeln, das den Lakota-Kindern hilft, zu ihren indianischen Werten zurückzufinden. Ihre Kultur und ihre Sprache sollen den zukünftigen Generationen erhalten bleiben. Die Autorin dieses wunderbaren Buches weiß, dass nichts der Bewegung der Wurzeln von Gräsern widersteht, deren untergründiger, beständiger Kraft. Solange die Adler kreisen und die heiligen Trommeln schlagen, wie ein lebendes Herz, solange ist nicht alles verloren. Denn eines Tages – vielleicht schon bald – könnten die amerikanischen Ureinwohner unsere Lehrer sein. Ein Traum? Vielleicht. Eine Hoffnung auf jeden Fall!

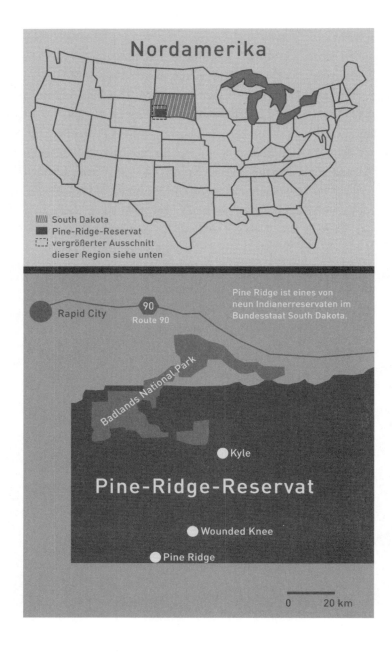

Wie alles begann

*Für uns waren die großen weiten Prärien, die sanft
gewellten Hügel und die sich schlängelnden Flüsse mit
ihrem wirren Ufergestrüpp nicht »wild«. Nur für den
weißen Mann war die Natur eine »Wildnis«. Er fürchtete sich vor den »wilden Tieren« und verachtete die
»rohen« Menschen. Uns war das Land vertraut wie ein
Freund.*
Luther Standing Bear, Oglala-Sioux

Sommer 1989: Unter mir liegt das weiße Wolkenmeer, über
mir ist der Himmel strahlend blau. Ich fliege einem Traum entgegen, den ich seit meiner Kindheit hege. Mein Interesse für
alles, was mit der Kultur der amerikanischen Ureinwohner –
salopp: Indianer genannt – zusammenhängt, zeigte sich früh:
Bereits als Vierjährige sprang ich, den Tomahawk[*] schwingend,
vom Kleiderschrank im Kinderzimmer. Im Kampf mit meinen
beiden Brüdern endete ich allerdings allzu oft als skalpierter
Cowboy.

---

[*]Siehe Glossar, Seite 207ff.

Später las ich alles, was über die Indianer, insbesondere die Lakota-Indianer, geschrieben wurde. Und von da an begleitete mich der Traum, die Sehnsucht, das Land dieser Menschen zu sehen und zu erleben.

Auf dem Flug nach Denver überdenke ich die vergangenen Monate. Im Januar hatte ich mich in die verschneiten Engadiner Berge zurückgezogen, um über meine berufliche Zukunft nachzudenken. Ich war jetzt 32 Jahre alt und arbeitete als Schauspielerin am Theater Basel. Nun löste sich das Ensemble aufgrund eines Intendantenwechsels praktisch vollständig auf: Meine Freunde und Kollegen gingen zum Teil nach Deutschland zurück, der Arbeitsmarkt in der Schweiz war prekär.

Je mehr ich in der verschneiten Einsamkeit über mein Leben nachdachte, desto unschlüssiger wurde ich allerdings. Eine glückliche Fügung: Unter dem mitgebrachten Lesestoff befand sich eine Zeitschrift, in der auf eine interessante Fotoausstellung in Zürich aufmerksam gemacht wurde. Eine Woche später stand ich vor den Bildern aus einem kanadischen Indianer-Reservat. Folkloristische Schönheit, aber auch die irritierenden Insignien des 20. Jahrhunderts waren zu sehen, die in den Indianer-Reservaten Einzug gehalten haben: Autos, Sonnenbrillen, Fast-Food-Abfälle.

Auf einem Tisch im Ausstellungsraum fand ich das Informationsblatt über eine Reise in die amerikanischen Lakota-Gebiete, in das US-amerikanische Pine-Ridge-Indianer-Reservat. Es liegt in der unendlichen Weite der nordamerikanischen Prärie zwischen Nebraska und Nord-Dakota und gilt heute als eine der ärmsten Regionen der USA. Die konkrete Möglichkeit, das Land meiner Sehnsucht endlich zu besuchen, drängte alle anderen Entscheidungen plötzlich in den Hintergrund.

Dem Pine-Ridge-Reservat galt von jeher mein Interesse. Dieses Gebiet im Mittleren Westen Amerikas war einst der Lebensraum von riesigen Büffelherden, Kojoten, Antilopen und diversen Indianerstämmen. Ich zögerte nicht lange, meldete mich für den Trip an.

Die Zeit bis zur Abreise verbrachte ich mit Reisevorbereitungen und dem Abgeben von großen Indianer-Ehrenworten an Freunde und Verwandte: Nein, ich werde mich zukünftig nicht mit Rauchsignalen verständigen. Nein, ich werde nach meiner Rückkehr keinen Tipi-Verein Littau ins Leben rufen. Meine Wohnung in Basel kündigte ich. Mein Hab und Gut brachte ich im Haus meiner Eltern unter.

An den letzten Morgen vor meiner Abreise erinnere ich mich besonders gut. Es war lange vor Sonnenaufgang, ich verstaute meine Sachen im Wagen, als ich kurz in den dunklen Himmel blickte. Eine leuchtende Sternschnuppe zog langsam durch das Firmament. Eine freudige Vorahnung beschlich mich, dass die kommenden Monate ein großes Abenteuer werden könnten.

Im Flugzeug neben mir sitzt Helen, sie ist Schweizerin und Mitorganisatorin dieser Reise, eine drahtige Frau mit dunkelbraunem Lockenkopf und wachen Augen. Sie bezeichnet sich als Vertreterin des »Lakota Treaty Council« – das ist ein traditioneller Regierungsrat der Lakota. Sie und der Lakota-Sioux Birgil Kills Straight hatten die Idee, einer kleinen Gruppe interessierter Schweizerinnen und Schweizer das Pine-Ridge-Indianer-Reservat in Süd-Dakota zu zeigen.

Die Prärie erstreckt sich wie ein breites Band parallel zu den Rocky Mountains von Texas im Süden, durch Oklahoma, Kansas, Colorado, Nebraska, das östliche Wyoming, Süd- und Nord-Dakota und Montana, bis in den Norden nach Kanada hinauf. Helen schüttet sich eine Handvoll Erdnüsse in den Mund und zeichnet mit dem Finger Umrisse in die Luft: »Den westlichen Teil dieses Bandes nennt man die ›Plains‹. Sie erstrecken sich bis zu den westlich angrenzenden Rocky Mountains. Der östliche Teil zieht sich durch Süd-Dakota und wird als Prärie im Mittleren Westen bezeichnet.«

Unsere Reise soll kein typischer Touristentrip werden: Das kleine Grüppchen aus sechs Personen wird drei Wochen lang bei den Oglala-Lakota leben. Hotels und andere Annehmlichkeiten gibt es nicht. Im Reservat werden Einheimische die Gruppe und das Programm begleiten.

Mit einem Vertreter der Lakota hatten wir bereits während einer Informationsveranstaltung in der Schweiz Bekanntschaft gemacht. Sein Haar war schwarz, das ernste Gesicht von Wind und Wetter gezeichnet. Der Mann trug auffallend einfache Kleidung: ein verwaschenes T-Shirt, ein Hemd aus dickem Baumwollstoff. Den Manchesterhut hatte er tief ins Gesicht gezogen. Mit verschränkten Armen saß er da und strahlte – wie mir schien – große Ruhe aus.

Er hieß Bob Stadnick. Es wurde über die Alkoholprobleme in den Reservaten gesprochen, darüber, dass wir trotz der Hitze warme Schlafsäcke mitbringen sollten und Tampons im Reservat nicht erhältlich seien. Bob schwieg mehrheitlich. Nach der Beendigung der Informationsveranstaltung bildete sich eine Traube von Neugierigen um den mysteriösen Fremdling, den wir nun wiedersehen sollten.

Die Reise

In meiner Jugend sah ich auf den Prärien riesige Büffel-
herden, und in jedem Wald traf man auf Elche, doch sie
sind nicht mehr hier, sie sind gen Sonnenuntergang ge-
zogen. Viele hundert Meilen weit lebte kein Weißer, doch
jetzt findet man über das ganze Land verstreut Handels-
posten und Siedler, und in ein paar Jahren wird man den
Rauch ihrer Hütten aus jedem Wäldchen aufsteigen
sehen, und die Prärie wird mit großen Getreidefeldern
bedeckt sein.
Shabonee, Potawatomi

Die Reise von Denver nach Süd-Dakota, eine Strecke von etwa
640 Kilometern, soll im Auto fortgesetzt werden. Wir übernachten in einem kleinen Motel. Am frühen Morgen ist die
Lobby – bis auf Bob Stadnick – leer. Er blickt auf, als ich auf
ihn zugehe, lächelt. Sein Händedruck ist fest und warm. Ich
blicke in seine Augen. Sie sind grün, wie ich bei dieser Gelegenheit feststelle. Die Zeit steht einen Augenblick lang still.
Während die Reisegruppe das Gepäck in Bobs VW-Bus verstaut, frage ich mich, wie uns diese Klapperkiste drei Wochen
lang durch die Prärie bringen soll. »Eine Sicherung verhindert
das Öffnen der Türen von innen«, informiert uns Bob. Aha,
denke ich. Er hat Kinder. Vielleicht auch eine Frau.

Schnell werden die Distanzen zwischen den Dörfern größer, die Landstriche einsam und karg. Nachdem wir die südöstliche Ecke von Wyoming durchquert haben, fahren wir durch Nebraska. Die Prärie lässt mein Herz höherschlagen. Was für die einen eine farblose Ödnis sein mag, ist für mich schöne Kargheit und das Element, in dem ich mich sofort zu Hause fühle.

In Gedanken stelle ich mir vor, wie diese Welt vor ein paar Hundert Jahren ausgesehen haben mag. Ich versetze mich zurück in eine Zeit, in der noch keine Tankstellen, Dörfer, Farmen, Grenzen diese unendliche Weite unterbrachen. In die Zeit vor 1850. Unzählige Stämme – Lakota, Arapaho, Cheyenne, Crow, Kiowa und Comanche – lebten als Nomadenvölker auf den Plains und in den Prärien zwischen dem Missouri und den Rocky Mountains. Die westlichen Sioux (Teton-Lakota) lebten im Gebiet der heutigen Staaten Montana, Wyoming, Süd- und Nord-Dakota und Nebraska.

Vor meinem inneren Auge sehe ich, wie die Menschen im Sommer ihren riesigen Büffelherden folgen, die ihnen liefern, was sie für die Grundversorgung benötigen: Häute für Tipis und Kleidung, Felle für warme Decken, Fleisch zum Trocknen und Lagern, Sehnen als Nähmaterial. Die Hörner dienen als Kopfschmuck und Trinkgefäß, der Schädel wird als Altar verwendet, die Knochen werden zu Behältern und Messern verarbeitet. Das nomadische Leben ist von der Nahrungsbeschaffung geprägt, von den Vorbereitungen auf die harten Winter und von vielfältigen Ritualen und Zeremonien, die alle Zeiten überdauern sollten. Dieses im Einklang mit der Natur funktionierende Gefüge wurde für immer zerstört, als der Goldrausch Mitte des 19. Jahrhunderts eine blutige Spur durch den Mittleren Westen zog.

Obwohl das riesige Gebiet wenige Jahre zuvor offiziell zum Territorium der amerikanischen Ureinwohner erklärt worden war, besetzten jetzt Zehntausende von Einwanderern das Land der Indianer. Im Kampf um Nutzungsrechte, Landanteile und das Gold in den Black Hills kam es in den folgenden Jahrzehnten zu schrecklichen Kämpfen zwischen der US-Armee und der indianischen Bevölkerung. Zehntausende starben. In die Enge getrieben und stark reduziert, gingen die amerikanischen Ureinwohner aus der letzten großen Schlacht am Little Big Horn (1876) zwar siegreich hervor. Doch da ihre mächtigen Gegner Millionen von Büffeln töteten, wurden sie ihrer wichtigsten Lebensgrundlage beraubt und konnten später – geschwächt, frierend und halb verhungert – in die verschiedenen Reservate gezwungen werden.

Ich sitze schräg hinter Bob und habe während der Fahrt viel Zeit, um ihn zu mustern. Sein leicht gewelltes Haar, die traurigen Augen, die kräftigen Hände. Ich finde ihn faszinierend in seiner Ruhe. Er unterbricht sein anfängliches Schweigen mit kleinen Vorträgen zu Land und Kultur: »Wir nennen uns Lakota. Ihr kennt uns als Sioux. Diese Bezeichnung verdanken wir den Franzosen. Die Lakota bewohnten einst die ganze Prärie. Sie bilden drei Hauptgruppen, die ein sprachlicher Dialekt unterscheidet. Im Osten leben die Dakota und Nakota, bei den westlichsten Stämmen handelt es sich um Lakota, genau genommen um Teton-Lakota, die wiederum in sieben verschiedene Gruppen aufgeteilt sind.« Bob ist ein Oglala.

Rund 30 000 Nachfahren dieses Stammes leben im Pine-Ridge-Reservat – unserem Reiseziel. Es ist 11 000 Quadratkilometer groß. »Und wie viele Bisons gibt es heute?«, frage ich. Bob antwortet: »Unser Stamm besitzt eine Herde mit 400 Tieren, und in den amerikanischen Nationalparks leben heute auch wieder große Büffelherden.«

Helen sitzt neben Bob auf dem Beifahrersitz, ich neben Stefan. Wir alle, auch Claudia und Andrea, folgen der immer gleichen Sitzordnung. Vielleicht brauchen wir diese Routine, um in all dem neuen Unbekannten ein wenig Sicherheit zu finden.

Das Herz der Erde

Die Black Hills sind heilig für die Lakota. Beides – die heilige Pfeife und die Black Hills – gehören in unserer Religion zusammen. Die Black Hills sind unsere Grabstätte. Die Knochen unserer Großväter liegen in diesen Hügeln. Wie könnt ihr erwarten, dass wir unsere Kirche und unsere Grabstätten für ein paar Dollar des weißen Mannes verkaufen? Wir werden sie niemals verkaufen.
Frank Fools Crow, Lakota

Die Sonne ist untergegangen, als wir beim mystischen Bear Butte ankommen, dem nördlichsten Hügel der Black Hills. Diese Gebirgsgruppe liegt im westlichsten Teil von Süd-Dakota und erstreckt sich über die Staatengrenze bis nach Wyoming. Für die Lakota und auch für verschiedene andere Stämme sind die Paha Sapa (die schwarzen Berge) ein heiliges Gebirge. Indianische Seelen traten hier vor vielen Tausend Jahren an die Erdoberfläche, so erzählt es die Geschichte.

Während Hunderten von Jahren trafen sich die Lakota, Cheyenne, Arapaho und andere Stämme, um in den Paha Sapa, den schwarzen Bergen, die rituellen Sonnentänze durchzuführen, auf Visionssuche zu gehen und in der Abgeschiedenheit zu beten. Vor allem der Bear Butte wird heute noch für die Visionssuche, die Hanbleceya, aufgesucht. Jedes Jahr im Juni findet ein fünftägiger Lauf, der »500 Miles Run«, statt. Eine Gruppe junger Lakota läuft dabei im Uhrzeigersinn – wie alle zeremoniellen Bewegungen – um die Gebirgskette: Stellvertretend für ihr Volk, ehren die Läufer so die Paha Sapa und dadurch die geistige Verbindung mit dem Herzen der Erde. Dieser Route wollen wir in den nächsten Tagen folgen.

Unser erstes Nachtlager schlagen wir neben dem Bear Butte auf. Während wir auf Birgil Kills Straight warten, der die Tipis bringen soll, spreche ich mit Bob über die Sprache der Lakota, über ihre Erziehung und ihre Spiritualität. Ich fühle mich diesem Mann auf eine seltsame Art und Weise verbunden, und bereits nach wenigen Tagen ist er mir vertraut.

Als Birgil endlich auftaucht, haben wir uns gedanklich bereits damit abgefunden, im Freien zu übernachten. Birgil ist ein sehniger Lakota, sein schwarzes Haar trägt er hüftlang und offen. Von Helen weiß ich, dass er politisch engagiert ist und ein guter Redner sein muss. Jetzt will er die Tipis aufbauen, was uns – übermüdet, wie wir zu diesem Zeitpunkt sind – nur mäßig begeistert. Die oben spitz zulaufenden Zelte, die den nomadischen Völkern als ideale Behausung dienen, da sie schnell auf- und abbaubar sind, halten aufgrund der Trichterform den stärksten Stürmen stand. Früher bestanden sie aus Büffelhäuten und langen Holzstangen. In der Mitte befand sich die wärmende Feuerstelle, der Rauch zog durch die Zeltspitze ab. Heute sind die Zelte aus Canvas, einem starken Leinengewebe.

Bob und Birgil mühen sich – unter den neugierigen Blicken einiger junger Lakota, die auch wegen des 500 Miles Run hier sind und sich wortlos zu unserer Gruppe gesellt haben – mit dem Aufbau ab. Bob fordert sie auf mitzuhelfen. Aber die jungen Nachfahren von Sitting Bull und Crazy Horse scheinen so wenig Ahnung vom traditionellen Zeltbau zu haben wie wir. Es ist spätnachts, als wir endlich in unsere Schlafsäcke kriechen.

Bei Sonnenaufgang präsentiert sich der sagenumwobene Bear Butte in goldenem Licht. Helen und ich waschen uns am Ufer des nahen Sees. Vier kleine Kinder beobachten uns dabei schweigend. Es sind Bobs Töchter und Söhne, die in der Nacht mit einem Freund von Bob angereist sind: Jessy, Constance, Logan und Robin. Sie sind zwischen sechs und zehn Jahre alt. Sie sagen nicht viel, mustern uns aber mit großen Augen.

Später frage ich die Mädchen, ob ich ein Foto von ihnen machen dürfe, worauf sie scheu nicken. Mein erstes Reisefoto. Ich besitze es noch heute: Jessy trägt das Haar offen, ein dichter Pony fällt in ihre dunklen, mandelförmigen Augen. Constance ist etwas größer, genauso feingliedrig und mindestens so hübsch wie die Kleine. Ihr Haar fliegt ihr in wilden Wellen um das schmale Gesicht. Sie hat die Angewohnheit, die Augenbrauen zusammenzuziehen, was ihrem Blick einen skeptischen Ausdruck verleiht. Die Mädchen tragen viel zu große T-Shirts und billige Plastiksandalen. Einige Tage später lerne ich auch die beiden Jungen – Robin und Logan – näher kennen.

Wir dürfen bei der Eröffnungszeremonie des 500 Miles Run dabei sein. John Around Him betreut den traditionellen Anlass. Sein großes Wissen über Zeremonien, Bräuche und die gesamte Lakota-Kultur machen ihn zu einer einflussreichen Persönlichkeit im Reservat. Er diente im Vietnamkrieg und trank nach seiner Rückkehr jahrelang, bevor er keinen Tropfen mehr anrührte. Später initiierte er Reintegrationsprogramme für haftentlassene Lakota. Er besucht jeden Monat verschiedene Gefängnisse und führt dort Schwitzhütten-Zeremonien für die Insassen durch. Sein guter Ruf reicht weit über die Reservatsgrenze hinaus. John ist ein kräftig gebauter, großer Mann. Sein Blick ist freundlich, die pechschwarzen Haare trägt er sehr kurz.

Beim Start formieren sich die Teilnehmer zu Vierergruppen, einer der Läufer hält jeweils einen mit Salbei umwickelten Stock mit einem Medizinrad in der Hand, es symbolisiert die heiligen Himmelsrichtungen und den geschlossenen Lebenskreis. Bei sengender Hitze sind große Strecken zurückzulegen. Autos mit Zelten und Nahrungsmitteln begleiten den Zug, dem auch wir folgen.

Der Lauf um die Black Hills ist auch ein Versuch, die Jugend an ihre Wurzeln zurückzuführen, ihr Selbstbewusstsein zu stärken und an ihren Stolz zu appellieren. Einige Läufer machen sich über dieses Anliegen lustig, worauf sie prompt von John Around Him zurechtgewiesen werden. Der Lauf sei von größter Wichtigkeit. Es gehe darum, den heiligen Kreis zu schließen und die Kultur weiterzutragen. »Ohne unsere Zeremonien, ohne unsere Sprache und unser Land sind wir nichts, sind wir kein Volk«, sagt John. Ich werde mich noch oft an diese Worte erinnern.

John und seine Frau gehören – genau wie Bob – dem Kreis der Traditionellen an. Sie sind es, die die Spiritualität und die Kultur pflegen und an die Jungen weitergeben. Ein paar Tage später bringt John seine Frau Linda mit. Sie wirkt zerbrechlich. Langes Haar umrahmt das zarte Gesicht, schwarze Augen strahlen über hohen Wangenknochen. Sie ist eine geheimnisvolle, unnahbare Schönheit und bleibt mit den beiden Töchtern im Auto sitzen.

John und Bob erklären uns die Bedeutung der Medizinmän-

24

ner. Jeder Medizinmann verfüge über geistige Helfer – die Spirits –, sagt Bob. Sie werden in den Zeremonien um Hilfe, Rat oder Heilung gebeten. Medizinmänner gehen die »red road«: Dieser rote Weg ist auch der Weg der Cannunpa, der heiligen Pfeife, die bei uns auch Friedenspfeife genannt wird. Wer die Cannunpa aufnimmt – so wie John, Birgil und Bob –, legt ein Gelübde ab und ist ab diesem Zeitpunkt entschlossen, ehrenhaft zu leben, alles Lebendige zu respektieren, Großzügigkeit zu üben und Weisheit anzustreben. Drogen und Alkohol sind tabu. Der rote Weg führt zu Wakan Tanka, dem großen Heiligen.

Während die Männer ruhig erzählen, rauschen die Pappeln im Wind, und Duft von glimmendem Salbei liegt in der Luft. Am dunklen Himmel zeichnen sich die Silhouetten der Tipis ab. Ich liebe diesen Anblick, er erfüllt mich mit Freude. Ich atme tief und langsam durch. Es gibt Momente, die einem für immer in Erinnerung bleiben.

An diesem Abend erzählt ein älterer Mann die Geschichte der White Buffalo Calf Woman, die den Lakota einst die erste heilige Pfeife brachte: Vor langer Zeit waren zwei Jäger unterwegs auf der Suche nach Wild, als sie aus der Ferne eine Gestalt auf sich zukommen sahen, die sich als eine sehr schöne Frau in einem weißen Wildlederkleid entpuppte. Der eine Jäger hatte unreine Gedanken. Sie forderte ihn auf, zu ihr zu kommen, doch als er sich ihr näherte, legte sich eine Wolke über ihn, und als sich diese verzog, blieb nur sein Gerippe übrig. Die schöne Frau im weißen Wildlederkleid sagte zum anderen Jäger, er möge seinem Volk mitteilen, dass sie kommen werde und man ein großes Zelt in der Mitte des Lagers aufstellen solle. Bei ihrem Besuch übergab sie dem Häuptling eine Pfeife und erklärte, was die Pfeife bedeutet und wie damit

umzugehen sei. Daraufhin habe sie sich in ein weißes Büffel-
kalb verwandelt und sei weggerannt.

Seit diesem Tag wird mit der heiligen Pfeife gebetet, und sie
wird geehrt, weil sie die Gebete direkt zu Tunkasila, wie das
große Heilige auch genannt wird, trägt. Und auch der weiße
Büffel wird geehrt. Es geschieht selten, dass ein weißes Kalb
geboren wird, aber wenn, dann ist es immer ein bedeutsames
Ereignis. Die allererste Cannunpa, die die mysteriöse Frau
gebracht hat, existiert noch immer und wird streng gehütet.
Sie kommt nur alle sieben Jahre während einer speziellen Zeremonie zum Einsatz.

Einige Tage später wollen wir Deadwood, eine der größten
ehemaligen Goldminen, besuchen und werden mit der bewegten Geschichte der Black Hills konfrontiert, die das Schicksal
der Lakota prägte. Nach jahrelangen Kämpfen um ihr Land
errangen die Präriestämme einen großen Sieg und schlossen
einen Vertrag mit den Regierungsabgeordneten: Der 1868 ge-
schlossene Vertrag von Fort Laramie überließ die Paha Sapa,
das Gebiet am Powder River und die Big Horn Mountains
den Indianern, weil die Vereinigten Staaten die unfruchtbare
Gegend als wertlos einstuften. In diesem Vertrag verpflichtete sich die US-Regierung, weiße Siedler aus dem Indianer-
Territorium fernzuhalten.

Als kurz nach Vertragsabschluss in den Paha Sapa riesige
Goldvorkommen entdeckt wurden, versuchten Tausende von
Siedlern ihr Glück in der illegal errichteten Mine von Dead-
wood. Die Auseinandersetzungen erreichten am Little Big
Horn einen Höhepunkt. Bis zum heutigen Tag sind die heili-
gen Paha Sapa vertraglich Indianer-Territorium.

Doch der Nationalpark in den Black Hills ist nach jenem
General Custer benannt, der am Little Big Horn mitsamt sei-

ner Kavallerie in den Tod ritt. Und die in den 1930er-Jahren beim Mount Rushmore in den Fels gemeißelten Porträts der damaligen Staatspräsidenten blicken bis heute selbstbewusst in die indianische Prärie hinaus – für die Lakota eine unermessliche Entweihung ihres heiligen Bergs. Kein Cent der Mine – aus der Gold im geschätzten Wert von zwanzig Milliarden Dollar herausgeholt wurde – ging an die in Armut lebende indianische Bevölkerung.

Die juristischen Versuche der Stämme, ihr Land zurückzuerhalten, sind bisher vor Gericht gescheitert. Heute geht der Kampf auf politischer Ebene weiter. Anfang der 1980er-Jahre musste der Oberste US-Gerichtshof eingestehen, dass die Black Hills den indianischen Völkern illegal enteignet worden waren, und bot eine finanzielle Entschädigung an, die jedoch von den Lakota-Stämmen abgelehnt wurde und nach wie vor wird. Sie argumentieren, sie könnten kein Geld annehmen für etwas, das sie nie zum Kauf angeboten hätten. Sie verlangen ihr heiligstes Gebiet zurück oder zumindest einen Teil davon. Der Rechtsstreit zwischen den Vereinigten Staaten und den Präriestämmen hat viel Wirbel ausgelöst, aber bis heute wurde keine Einigung erzielt.

Mit gemischten Gefühlen machen wir uns nach Deadwood auf und sind wenig überrascht: Das ehemalige Goldgräberdorf ist heute eine lärmige Vergnügungsoase mit vielen Bars und Hunderten von Touristen. 1990 drehte Kevin Costner in dieser Gegend den erfolgreichen Kinofilm »Dances with Wolves«.

Abends kochen wir auf dem offenen Feuer einfache Mahlzeiten. Entweder Bohnen aus der Dose, Teigwaren oder Speck. Dazu gibt es starken heißen Tee. Der Sternenhimmel ist so weit wie nirgendwo sonst. Keine Gebirgsketten schränken ihn ein.

Wie ein riesiger Baldachin spannt sich das Dunkel über uns und reicht tief hinab an den Rand der Prärie.

Wie so oft in den folgenden Wochen sitze ich am Abend mit Bob am Feuer. Wir reden stundenlang und merken, wie gut wir uns verstehen. Ich fühle mich geborgen und glücklich in seiner Nähe. Die Stunden verfliegen im Nu. Bruchstückhaft und in viele Kapitel aufgeteilt, erzählt er mir nach und nach seine Geschichte: Die Kindheit verbrachte er zusammen mit fünf Geschwistern im Pine-Ridge-Reservat und zeitweise in Nebraska. Seine Mutter war eine Stammesangehörige der Oglala, genau wie seine Großmutter Lucinda, die in einer Zeit aufwuchs, als die Indianer frei und geachtet lebten. Lucinda war die Tochter des bekannten Lakota-Häuptlings John Grass Charging Bear, der am Little Big Horn gekämpft hatte.

Bobs Vater – ein Nachfahre polnischer Einwanderer, der als Diplomat arbeitete und seine Landsleute in Rechtsfragen beriet – verstarb früh und völlig überraschend, als Bob elf Jahre alt war. Wenig später wurde seine Mutter unter tragischen und nie ganz geklärten Umständen ermordet. An einem eiskalten Dezembertag wollte sie in die Stadt fahren, um Weihnachtsgeschenke für die Kinder einzukaufen. Da es keine öffentlichen Transportmittel gab, fuhr sie – wie immer – per Anhalter. Man nimmt an, dass jene, die sie mitnahmen, den Wagen weit draußen in der Prärie anhielten, Bobs Mutter ins Freie rissen, sie kaltblütig niederschossen und sterbend liegen ließen.

Ein heftiger Schneesturm fegte in dieser Nacht über die Prärie. Ihre Leiche wurde erst Tage später gefunden. Die Weihnachtsersparnisse waren weg, man ging von einem Raubmord aus. Die Familie weiß bis heute nicht, wo genau Bobs Mutter begraben liegt.

Nach diesem Drama wurden die Geschwister getrennt. Bob – den sie wegen seiner hellen Hautfarbe Kleines weißes Pferd nannten – kam bei Pflegeeltern unter, die im Reservat lebten. Sie bewohnten ein kleines, einfaches Holzhaus am Bach, ohne Strom und ohne fließendes Wasser.

Mama Bear, wie Bob seine Pflegemutter nannte, gebar fast jedes Jahr ein Kind, und so beaufsichtigte er seine zahlreichen Stiefgeschwister. Bob besuchte einige Jahre lang die katholische Internatsschule Holy Rosary Mission. Dort war es den Lakota-Kindern untersagt, ihre Sprache zu sprechen, und man versuchte sie mit strengsten Maßnahmen zu »guten Christen« zu erziehen.

Irgendwann begann Bob zu rennen, immer weiter, immer länger, stundenlang, tagelang. Der Schmerz, die Wut: Nur so war beides auszuhalten. Kaum siebzehnjährig, verpflichtete er sich bei der Handelsmarine, die ihn in den folgenden Jahren zum Maschineningenieur ausbildete. Nun war er monatelang auf hoher See.

Eines Nachts erzählte mir Bob: »Bei einem Heimurlaub in New Orleans verliebte ich mich in Gloria, ein junges weißes Mädchen aus einer italienischen Einwandererfamilie.« So erfuhr ich, dass Bob nebst den vier kleinen Kindern – für die er nach der Scheidung von seiner zweiten Frau das alleinige Sorgerecht erhielt – auch noch zwei erwachsene Kinder aus der Verbindung mit der hübschen Gloria hat: Daron und Laura.

Bob erzählt mit langen Pausen. Er starrt ins Feuer, scheint in den Erinnerungen zu versinken, die seinen Lebensweg prägten. Als ich endlich in meinen Schlafsack krieche, dämmert bereits der Morgen. Wachträume begleiten mich, ich höre im Halbschlaf Lakota-Gesänge, Bobs warme Stimme, lausche dem Wind.

Lakota-Land

*Der Weiße gehorcht dem großen Geist nicht, das
ist der Grund, weshalb die Indianer nie mit ihm
übereinstimmen können.*
Flying Hawk, Oglala-Lakota

Ein paar Tage später fahren wir durch Rapid City. Die amerikanische Kleinstadt wurde 1876 von Goldgräbern erbaut, zur
selben Zeit fochten die vereinigten indianischen Völker am
Little Big Horn den berühmten Kampf gegen General Custer
aus. Heute zählt die wohlhabende Stadt knapp 55 000 Einwoh-
ner. Es gibt Supermärkte, Kinos, Klubs, Restaurants, Hoch-
schulen und viele grüne Naherholungsgebiete.

Am Stadtrand liegt das »Lakota Housing«. Hier leben jene
Lakota, die in der Stadt einer Arbeit nachgehen. Die Häuser
sehen alle gleich aus, sie unterscheiden sich nur durch den
Farbanstrich. Rapid City ist die nächste Stadt außerhalb des
Reservats, und die meisten Geschäftsbesitzer sind Weiße. Fast

alle Indianer arbeiten für den Minimallohn von fünf Dollar fünfundzwanzig Cent die Stunde.

Wenig später passieren wir die letzte kleine Ortschaft vor der Reservatsgrenze: Scenic. Hier gibt es nicht viel mehr als eine Tankstelle, dafür Bars, die – wie einst im Wilden Westen – aus grob zusammengenagelten Brettern bestehen. Vor den Lokalen lungern trostlose Gestalten herum. »Die modernen Goldgruben der Weißen«, brummt Bob. Im Reservat herrsche striktes Alkoholverbot. Wer trinken wolle, müsse notgedrungen eine Autofahrt in die weiße Außenwelt riskieren, erklärt er. Rund um das Reservat gibt es mehrere Ortschaften, die von den durstigen Besuchern nur aus diesem Grund aufgesucht werden. Zu trauriger Berühmtheit kam dabei die Strecke White Clay–Pine Ridge: Nirgendwo gibt es mehr alkoholbedingte Verkehrstote als auf dieser kurzen Strecke.

Wenig später fahren wir am einzigen Geschäft in Scenic vorbei, es handelt es sich um eine sogenannte Tradingpost. Berge von alten, gebrauchten indianischen Gegenständen, Glasperlenschmuck, alte Tipis und Decken werden hier zum Kauf angeboten. Ähnliche Objekte wurden bereits früher als Zahlungsmittel für die Tauschgeschäfte mit den Weißen eingesetzt. Auf der Weiterreise ist Bob einsilbig, und auch die übrigen Reiseteilnehmer hängen ihren Gedanken nach. Aus dem Autoradio dröhnt jetzt lautstark indianische Musik, hohe Gesänge und Trommelklänge. Es ist die Radiostation des Reservates: Kili Radio.

Wir überqueren den Cheyenne River. Noch ist es hell genug, um die Tafel an der Reservatsgrenze zu entziffern: »Entering Pine Ridge Indian Reservation«. Von nun an holpert der Wagen über schlecht asphaltierte Straßen. Zwischen dem geschäftigen Rapid City mit den Einkaufsstraßen, den properen

Wohnquartieren, den umliegenden Golfplätzen und dem Reservat liegen nur etwa 130 Kilometer. Aber es sind Welten, die das weiße und das rote Amerika voneinander trennen.

Baufällige Holzhütten, Häuser und Trailer – Wohnwagen – tauchen vereinzelt aus dem Nichts auf. Wir befinden uns in einer der trockensten Regionen Nordamerikas. Es ist Land, das niemand wollte, weil es kein Auskommen ermöglicht. Die Arbeitslosenquote beträgt 85 Prozent. Die Selbstmordrate bei Jugendlichen ist eineinhalb mal so hoch wie in den übrigen USA, und die Lebenserwartung der Bevölkerung liegt dreißig Jahre unter dem landesweiten Durchschnitt. Der Alkoholismus ist weit verbreitet. Das durchschnittliche Einkommen liegt bei 3400 Dollar. Nicht pro Monat. Pro Jahr!

»Könnten wir unser eigenes Land, die fruchtbaren Paha Sapa nutzen, dann gehörten wir bestimmt nicht zur ärmsten Bevölkerungsgruppe der USA«, eröffnet Bob das Gespräch. Birgil erzählt von verschiedenen landwirtschaftlichen Projekten, die im Reservat verfolgt werden, aufgrund der extremen Wetterverhältnisse aber schwierig zu realisieren sind. Die Hitze erreicht in der ungeschützten Ebene im Sommer über vierzig Grad. Im Winter erschweren arktische Stürme den Alltag, und heftige Gewitter verwandeln die Erdstraßen im Frühjahr in ein riesiges Schlammbett. Es fehlt an allem, insbesondere an landwirtschaftlichen Maschinen. Im Reservat gibt es bezeichnenderweise keine einzige Bank, und Kredite erhalten die Indianer selten.

Es ist bereits stockdunkel, als wir in Kyle, der zweitgrößten Ortschaft im Reservat, ankommen. Die Siedlung liegt in der Mitte des Reservates. Es regnet in Strömen. Beim Eintreten in Birgils Haus stehen wir direkt im Wohnzimmer, das über eine Couch und einen Fernseher verfügt. Es ist klein, einfach, gemütlich. An den Wänden hängen verschiedene Starquilts. Diese prachtvollen Gebilde werden aus Hunderten von kleinen rautenförmigen Stoffstücken zusammengenäht. Missionarinnen hatten diese Nähtechnik einst den indianischen Frauen beigebracht, die sie zu einem Kunsthandwerk weiterentwickelten.

Wir können endlich warm duschen und unsere nassen, schmutzigen Sachen waschen. Birgils Frau Ethel serviert große Platten mit heißen Pancakes. Ich genieße die Mahlzeit, vor allem aber das Essen an einem Tisch. Ethel ist eine Oglala und arbeitet an der Little-Wound-Schule in Kyle als Lehrerin, Birgil ist Nationalökonom. Er erwarb sich im weißen Amerika eine gute Ausbildung und kehrte zurück, um sich hier für die Rechte und Werte seines Volkes, der Lakota, einzusetzen.

Am nächsten Tag sehen wir uns Kyle etwas genauer an. Es regnet noch immer. An drei kleinen Parallelstraßen liegen je sechs bis sieben Wohneinheiten, die von zum Teil verwilderten Gartenflächen umgeben sind. Ab und zu kläfft ein Hund. Plastikspielzeug liegt um die Häuser verstreut. Das Lehrerquartier ist der schickere Teil von Kyle. Die meisten der übrigen Bewohner leben in weniger guten Verhältnissen, in schlecht gebauten Häusern oder havarierten Wohnwagen, die wie über das Land hingewürfelt scheinen. Ein Auto schleicht dreimal an uns vorbei. Fremde tauchen hier selten auf und sind daher von außerordentlichem Interesse. Restaurants, Kleiderläden, Kinos gibt es – in einem Land, das flächenmäßig zweimal so groß ist wie der Kanton Bern – nicht. Auch an anderen Unterhaltungsangeboten scheint es zu fehlen.

Wie so oft im Reservat folgt auf Trostlosigkeit unvermittelt Schönheit, Heiterkeit, Lebenslust. In der großen Turnhalle soll ein Pow-Wow abgehalten werden. Am Nachmittag strömen Hunderte von Menschen zusammen: Man schwatzt, isst Popcorn, trinkt Coca-Cola und bewundert die Tänzer aus den verschiedenen Kategorien, die sich in der Raummitte formieren.

Die Kleider der Jingle-Tänzerinnen sind gänzlich mit zu Kegeln geformten Blechdosendeckeln bestickt, die bei jedem Schritt hundertfach rasselnde Geräusche auslösen. Die Haare sind zu kunstvollen Zöpfen geflochten und mit Federn und mit Glasperlen bestickten Lederbändern geschmückt. Das Tanzfest folgt genauen Regeln, und am Schluss werden die talentiertesten Tänzer jeder Kategorie ausgezeichnet.

Die Glockenbänder der Fancy-Tänzer erklingen, die traditionellen Tänzer bewegen sich langsam zum Trommelschlag. Sie führen einen Anschleichtanz vor, den sogenannten Sneakup-Dance. Andere Männer mimen sich duckende Prärievögel und ahmen wehendes Präriegras nach. Es ist ein farbenprächtiges und ohrenbetäubendes Spektakel, das sämtliche Sinne herausfordert. Bunte Bänder wirbeln durch die Luft, prächtiger Federschmuck glänzt im Licht, noch mehr Glockenbänder erklingen.

Für meine Ohren ist der Trommelklang die schönste Musik überhaupt. In ihm liegt alles: das Heulen der Kojoten, das Donnern der Büffelhufe, der Wind über dem Präriegras, der Herzschlag der Erde: Der Rhythmus des Lebens pocht in dumpfen Schlägen.

Im Erdhaus

Man verkauft nicht die Erde, auf der die Menschen wandeln.
Tasunke Witko Crazy Horse, Oglala-Lakota

Seit wir im Reservat sind, übernachtet die Reisegruppe in den Tipis oder bei Birgil. Bob führt uns täglich irgendwohin, meist begleitet von seinen Kindern. Beim Gedanken an die baldige Abreise fühle ich mich eigenartig. Ich kann mir nicht vorstellen, wie ich mein gewohntes Leben in der Schweiz wieder aufnehmen soll, nach allem, was ich hier erlebt und gesehen habe, und natürlich: nachdem ich Bob getroffen habe.

Für die letzte Ferienwoche werden alle Teilnehmer der Reisegruppe bei verschiedenen indianischen Familien untergebracht. Ich müsse selbst entscheiden, ob ich es bei Bob im Erdhaus aushalten würde, beschert mir Helen eines Nachmittags unvermittelt und mit unschuldigem Augenaufschlag. Ich bin überrumpelt. Die Möglichkeit, eine ganze Woche mit Bob zu verbringen, ist mehr, als ich mir in meinen kühnsten Träumen vorzustellen getraut hätte. Ich lasse mir nichts anmerken. »Entscheide du, mir ist es egal«, fordere ich unsere Reiseleiterin kaltblütig auf und hoffe inständig, dass meine Rechnung aufgeht. Scheinbar unbewegt, lasse ich sie die vielen Vorteile aufzählen, die ein Aufenthalt bei Bob haben könnte: Ausflüge, interessante Gespräche, ein Erdhaus als Wohnort.

»Wenn du willst, dann gehe ich halt zu Bob«, erkläre ich schließlich gnädig. Helen kichert. Am liebsten wäre ich ihr um den Hals gefallen. Vielleicht bilde ich es mir nur ein, aber ich glaube ein kurzes Aufleuchten in Bobs Augen zu erkennen, als ihm Helen den Namen seiner temporären Mitbewohnerin nennt.

Wir fahren an Baracken und einem schrottreifen Trailer vorbei – seinem letzten Wohnort –, wie Bob beiläufig erklärt, und kommen zum Erdhaus, wo wir von Henrietta, dem Wachhund, stürmisch begrüßt werden. Das solid gebaute Haus ist mit Unmengen von Erde bedeckt, die sowohl gegen Hitze wie gegen Kälte isoliert. Nur von vorne ist der Erdhügel als Haus erkennbar. Vor dem Eingang gibt es einen schmalen, wellblechüberdeckten Korridor, der als Windschutz dient, links und rechts vom Eingang zwei kleine Fenster.

Beim Eintreten steht man direkt im Wohnzimmer. Ich sehe eine Sitzgruppe aus massivem Holz und einen Schaukelstuhl. Die Stoffüberzüge sind zerschlissen und schmutzig, an der Decke hängt eine nackte Glühbirne. An der hinteren Wand steht eine schäbige Kommode, die als chaotisches Bücherregal dient, in der Ecke flimmert ein in die Jahre gekommenes Fernsehgerät. Der zweite Raum, links neben dem Wohnzimmer, ist fensterlos. Vier Betten mit abblätternden Metallrah-

36

men und ein gusseiserner Ofen möblieren das Kinderzimmer. Es ist durch eine grobe Holztheke mit sechs Hockern von der Küche abgetrennt.

Bobs Zimmer ist winzig klein. Auf dem Boden liegen eine Matratze und verschiedene Bücherstapel. Daneben befindet sich der einzige Raum, der über eine Tür verfügt: das Bad mit einer uralten Wanne und einem funktionierenden WC. Strom und fließendes Wasser sind immerhin vorhanden, denke ich. Nachdem er mit den Kindern jahrelang im alten Wohnwagen gelebt hatte, baute Bob diese Bleibe mit eigenen Händen. Auch um zu demonstrieren, dass ein Erdhaus die geeignetere Unterkunft ist als die vom BIA (Büro für indianische Angelegenheiten) gebauten, schlecht isolierten und instabilen Häuser.

Bobs Haus ist eine einfache Konstruktion. Die durch die aufgeschütteten Erdmengen besonders stark belastete Decke wird in allen Räumen von unzähligen Holzpfosten gestützt. Ungehobelte Bretter bedecken den Boden. Was ich noch nicht weiß: Hunderte von Kakerlaken und viele Mäuse fühlen sich in diesem natürlichen Umfeld sehr wohl. Bob weist mir mit einer knappen Kopfbewegung das zerschlissene Sofa als Bett zu.

In dieser letzten Woche – sie fällt in die großen Sommerferien – unternehmen wir viel mit den Kindern. Wir essen Eis, gehen fischen und schwimmen im White River. Jessy, die Jüngste, scheint die Zeit mit ihrem Vater sehr zu genießen. Sie weicht nicht von seiner Seite. Während der Autofahrten sitzt sie neben Bob, der den Wagen steuert, und spielt entweder an seinem Hut oder zwirbelt sich seine Haarsträhnen um die Finger. Er lässt sie gewähren. Überhaupt scheint er ein Anhänger von liberalen Erziehungsmethoden zu sein, nur hin und wieder wird seine Stimme laut, wenn es die Kinder allzu bunt treiben oder sich heftig streiten.

Logan ist ebenso zart gebaut wie die Mädchen, er hat feine Gesichtszüge und mandelförmige Augen. Der Zehnjährige liest gerne, er ist intelligent und schlau, aber auch launisch und unberechenbar. Robin, ein kräftig gebauter kleiner Haudegen, arbeitet gerne mit den Händen, sagt, was er denkt, und verwandelt sich in eine Gewitterwolke, wenn man ihn reizt.

Die Mädchen sind introvertierter als die Jungen. Sie leben – so scheint es – in einer eigenen Welt, mit eigenen Regeln, Sorgen und Freuden.

Die großen Ferien stellen fast alle Eltern vor organisatorische Probleme. Jahrhundertelang bewegten sich die Nachkommen der indianischen Völker in engen sozialen Strukturen, waren von klein auf in den Alltag der Erwachsenen eingebunden. Sie sorgten für die Tiere, waren für das Holzsammeln verantwortlich, lernten Leder zu verarbeiten. Die Jungen wurden in die Verantwortungsbereiche der Männer, die Mädchen in diejenigen der Frauen eingeführt. So waren sie Mitglieder einer sich selbst versorgenden Erwachsenengesellschaft, und eine besondere Betreuung durch die Eltern war nicht nötig.

Mit der Einweisung in die Reservate wurden die traditionellen Tätigkeiten überflüssig, und an einem geeigneten Freizeitangebot fehlt es bis heute. Einrichtungen wie Sommercamps und Freizeitanlagen, die draußen existieren, gibt es im Reservat nicht. So liegen Langeweile und Übermut nahe beieinander.

Manchmal wird kritisiert, die amerikanischen Ureinwohner seien an ihrer misslichen Situation nicht schuldlos: Wieso arbeiten sie nicht? Wieso schaffen sie die nötige Infrastruktur nicht selbst? Wieso lassen sie sich gehen? Wo bleibt der vielgerühmte Stolz und Kampfeswille? Aber eine gestohlene Identität lässt sich weder mit einer Sozialberatung noch mit einem monatlichen Scheck der Sozialhilfe zurückkaufen.

Bob sagt: »Obwohl wir uns heute frei bewegen können, sind wir unserer Freiheit beraubt.« Mit der Zeit lerne ich auch, dass es sich bei der Kritik an den Indianern um »weiße« Gedanken handelt, denen andere Werte zugrunde liegen sowie der Irrglaube, dass es für alle Fragen eine logische Erklärung gebe. Die Lakota haben andere Prioritäten, wie ich bald erfahre. Für sie sind Mut, Respekt und Weisheit die wichtigsten Tugenden. Großzügigkeit wird großgeschrieben, das Ansammeln von Gütern und Statussymbolen ist ihnen fremd. Viele Wertvorstellungen der Weißen werden von den Indianern nicht verstanden, und der Kulturschock ist bis heute nicht überwunden.

Von einem Badeausflug zurückgekehrt, beobachte ich Constance, wie sie ihrer Barbiepuppe mit farbigen Wollbändern einen indianischen Kopfschmuck bastelt und ihn in den platinblonden Haarschopf webt. Die Buben setzen sich sofort vor den Fernseher, der wie in den meisten anderen Familien ab den frühen Morgenstunden läuft und amerikanische Comicserien sowie Wildwestfilme zeigt.

Inipi

*Das Land verkaufen? Warum nicht auch die Luft und
das Meer? Hat nicht der große Geist all das zum Wohl
seiner Kinder erschaffen?*
Tecumseh, Shawnee

Es ist Anfang Juli. Der Gedanke an meine baldige Heimreise
belastet mich zusehends. Die Kinder gewöhnen sich langsam
an mich und sind zufrieden, wenn ich mich mit ihnen beschäftige. Je länger ich Bob kenne, desto weniger zieht es mich
woanders hin. Obwohl: Noch sind wir nur Freunde, und aus
seinem Verhalten werde ich nicht richtig schlau. Mag er mich?
Bestimmt! Empfindet er mehr, als er zeigen kann? Hoffent-
lich!

Der Zufall will es, dass ich von den Plänen einer deutschen
Zuwanderin höre – Inge –, die bald ins Reservat kommen soll,
um auf Birgils und Ethels Land ein biologisches Gartenbau-
projekt zu realisieren. Meine Mithilfe wäre vielleicht gefragt,

gleichzeitig hätte ich einen Vorwand, um meinen Aufenthalt sinnvoll zu verlängern.

Eines Nachmittags unterbreite ich Bob diese Idee. Er hört mir ruhig zu und bietet mir sofort an, in seinem Haus zu wohnen. »Du hast bald sturmfrei«, sagt er lächelnd. Er werde in drei Wochen mit den Kindern in die Schweiz fliegen, um zusammen mit Birgil an einer Uno-Menschenrechtskonferenz, organisiert von der Arbeitsgruppe für indigene Völker, in Genf teilzunehmen. Die Lakota möchten als unabhängige, souveräne Nation anerkannt werden.

Bob erzählt mir von den Bemühungen der Lakota, den Internationalen Gerichtshof in Den Haag für den Rechtsfall der Paha Sapa zu interessieren. Da die indianischen Völker aber nicht als souveränes Volk anerkannt würden, bildeten sie rechtlich keinen Staat und hätten daher keinen direkten Zugang zur Uno. Ein Uno-Mitgliedsstaat müsse sie vertreten.

So sehr mich seine engagierte Rede interessiert: Mit meinen Gedanken bin ich woanders. Ich würde drei Wochen lang vollkommen auf mich alleine gestellt sein. Eine Vorstellung, die mich einerseits erschreckt: ohne Reisegruppe, die sich in wenigen Tagen auflösen wird, ohne Bob in einer noch fremden Welt. Andererseits, so beruhige ich mich, könnte ich die Zeit und Ruhe finden, um das Erlebte Revue passieren zu lassen und die verschiedenen Aspekte eines Lebens im Reservat zu überdenken.

Eine Woche vor Bobs Abreise reiten er und ich aus. Wir galoppieren lange durch die endlos scheinende Weite der staubtrockenen Prärie, die ausgebleicht vor uns liegt. Fast unvermittelt geraten wir auf eine Ebene mit wildem Salbei und steigen ab. Bob erklärt mir die Bedeutungen der Pflanzen für verschiedene Zeremonien und weshalb Salbei als Heilkraut verwendet wird. Er zupft einige Blätter ab, reibt sie zwischen den Handballen, lässt mich daran riechen und bläst den Staub in den Abendhimmel hinaus. Eine kühle Brise vertreibt die unerträgliche Hitze des Tages. Ich lache, bin glücklich.

Plötzlich nimmt mich Bob in den Arm und küsst mich. Ich bin im siebten Himmel. Glutrot plumpst die Sonne in den Horizont, als wir wenig später an einem Abhang stehen, der in eine begrünte Ebene ausläuft. Bob zeigt auf ein Blockhaus in der Nähe der Straße nach Kyle, sein »Traumhaus«, wie er sagt. Weit weg von der trostlosen Ortschaft. Weit weg von Alkohol und Drogen, mit denen die Kinder in der Siedlung trotz aller Verbote früh in Kontakt kommen können. Weg von der Straße, die am jetzigen Erdhaus vorbei an den Damm, den Treffpunkt jugendlicher Raser, führt. Einige Sekunden lang male ich mir aus, wie ich mit Bob und seinen Kindern hier in der Prärie lebe.

Vor seiner Abreise will Bob seine Schwitzhütte, die Inipi, neu aufbauen, die nach starken Regenfällen eingestürzt ist. Die Schwitzhütte ist eine einfache, aber genaue Konstruktion: Gebogene Weidenäste werden in die Erde gesteckt und an den Kreuzungen mit roten Stoffbändern zusammengebunden. Früher legte man Büffelfelle über dieses Gerüst, heute sind es meist alte Decken, die den Unterschlupf so dicht verschließen, dass kein Tageslicht und kein Wind eindringen kann.

Salbei bedeckt den Boden im Innern. In die kleine Grube in der Mitte werden später die stundenlang erhitzten Steine gelegt. Der Eingang liegt immer an der Ostseite, der aufgehenden Sonne entgegen.

Die Reinigungszeremonie – bei der gebetet wird – geht allen spirituellen indianischen Ritualen, dem Sonnentanz und der Visionssuche voraus. Zutritt erhalten Fremde nur auf Einla-

dung. Und ich bin eingeladen. Glücklicherweise ist die Schwitzhütte nicht mit einer Sauna vergleichbar. Die Frauen tragen
leichte Kleidung, die Arme und Beine bedeckt, die Männer tragen Shorts und binden sich ein Badetuch um die Hüfte.

Am frühen Abend entfacht Bob draußen ein Feuer und
erhitzt 28 Vulkansteine. Vor dem Eingang befindet sich der
Altar, es ist ein kleiner aufgeschütteter Erdhügel. Salbei liegt
auf ihm, ein Büffelschädel und angelehnt die Cannunpa.

Bei Anbruch der Dunkelheit tauchen Cousins, Onkel und
Tanten auf. Mit dem Familienbegriff gehen die Lakota sehr
großzügig um: Die Alten nennen die Kinder »Takoja«, Enkel,
die Kinder rufen die Alten »Unci« und »Tunkasila«, Großmutter und Großvater. Bob bedeutet mir, durch den niedri-
gen Eingang in die Inipi hineinzukriechen. Es sitzen ungefähr
zwölf Menschen in der Hütte. John Around Him leitet die
Zeremonie: Er kennt Hunderte von alten Lakota-Liedern, die
gleichzeitig Gebete sind.

Ein Lakota schaufelt von außen die 28 heißen Steine in die
vorbereitete Erdmulde im Innern, worauf Bob den Eingang
mit einer Decke verschließt. Bis auf die glühende Mitte, die
einen roten Schimmer auf die Gesichter der Anwesenden
wirft, ist es nun stockdunkel. Sobald Wasser auf die glühen-
den Steine geschöpft wird, erfüllt brennend heißer Dampf die
Hütte.

Die Männer singen Inipi-Gebetslieder, die in alle Himmelsrichtungen gehen sollen: zu Wakan Tanka, dem großen Heiligen, und zur Erde, der Mutter alles Lebendigen. Es folgen
gemeinsame Gebete. Die Zeremonie besteht aus vier – mir
endlos erscheinenden – Runden. Die Hitze ist beinahe uner-
träglich, der Schweiß läuft mir in Strömen über Gesicht und
Körper. Ich fürchte, in Ohnmacht zu fallen. Hin und wieder

wird die Decke über der kleinen Eingangsöffnung zurückgeschlagen, ich schnappe förmlich nach der eindringenden Luft.

Bob hat mir im Vorfeld den guten Ratschlag gegeben, mich komplett auf die Gebete zu konzentrieren, und erklärt, dass es eine eiserne Regel sei, das Gehörte später niemals zu erwähnen. Aufgrund der Hitze kann ich kaum atmen, aber ich denke an den einen Satz, den ich, seit ich hier bin, so oft gehört habe: »Öffne dein Herz und sprich mit deinem Herzen«. Es heißt, der Mensch gehe in die Inipi, um Verbindung zu Gott aufzunehmen. Die Zeremonie soll Körper und Geist reinigen, um die Sorgen und Lasten des Alltags im Gebet abzugeben. Es gibt viele Menschen, die sagen, sie hätten erst während eines Inipi-Rituals beten gelernt.

Am Ende der Zeremonie kreist die Cannunpa unter den Anwesenden, sie ist mit Canjanjan-Tabak aus der Rinde der roten Weide gestopft. Ein wenig stolz, die Inipi durchgehalten zu haben, nehme ich einige Züge aus der kreisenden Pfeife. Klatschnass kriechen wir schließlich dem Ausgang entgegen. Es dauert einige Zeit, bis ich fähig bin aufzustehen, aber nachdem meine Körpertemperatur sich normalisiert hat, fühle ich mich wie neugeboren.

Vergangenheit und Zukunft

*Wir haben gelernt, dass Tunkasila das Universum
beherrscht und dass alles, was er machte, lebendig ist.
Sogar die Steine sind lebendig. Wenn wir sie in unserer
Schwitzhüttenzeremonie verwenden, sprechen wir zu
ihnen, und sie sprechen zurück zu uns.*
Mathew King, Lakota

Bis spät in die Nacht sitze ich anschließend mit Bob zusammen, wir essen Donuts, trinken Kaffee, und ich erfahre mehr aus seinem Leben: Nach einem Unfall bei der Handelsmarine, dem ein langer Spitalaufenthalt folgte, und nach der Trennung von seiner ersten Frau zog er ins Pine-Ridge-Reservat zurück. Er wollte noch einmal neu beginnen und betrieb eine Autowerkstatt. Eines Tages nahm er eine junge Lakota-Frau mit, die an der Straße auf eine Mitfahrgelegenheit wartete: Jane. Sie freundeten sich an – es war eine Art Zweckgemeinschaft. Zuerst half Jane in seinem Geschäft mit. Wenig später zog sie bei ihm ein und wurde schwanger.

Über die Geburt von Robin hatte sie sich noch gefreut, aber

schon Logans Ankunft war beinahe nebensächlich, und Constance' Geburt nahm sie kaum mehr wahr. Der Kleinsten – Jessy – wollte sie nicht einmal mehr einen Namen geben. Um sich um die Kinder kümmern zu können, gab Bob seine Autowerkstatt auf und nahm in der Little-Wound-Schule eine Stelle als technischer Manager an. Die Arbeitspausen nutzte er, um zu Hause nach den Kindern zu sehen. Oft lag Jane auf dem Sofa, high von Marihuana oder betrunken, unfähig, sich um sie zu kümmern.

In dieser Zeit verunfallte Bob mit dem Motorrad schwer und musste mehrfach operiert werden, sein linkes Knie war zertrümmert. Durch den langen Spitalaufenthalt verlor er seine Arbeit an der Schule, und als er endlich aus dem Spital entlassen wurde, war auch Jane weg. Sie hatte sich einen Liebhaber genommen und die Kinder im Erdhaus zurückgelassen.

Der Nachbarin fiel irgendwann auf, dass die vier allein waren, und kümmerte sich um die Kleinen. Bob reichte die Scheidung ein und erhielt das alleinige Sorgerecht. Im gleichen Jahr freundet er sich mit Nacey Kills Many an, der die Wende in Bobs Leben herbeiführte: Dieser Medizinmann lehrte ihn alles, was er wusste.

Bob nahm damals die Cannunpa auf. Bob, Birgil Kills Straight, John Around Him und Nacey Kills Many haben alle die heilige Pfeife aufgenommen und gehören auch derselben Tiyospaye an. Die Tiyospaye ist eine erweiterte Familiengemeinschaft und der Mittelpunkt des sozialen Lebens im Reservat. Die Mitglieder sorgen füreinander und beten gemeinsam in der Inipi. Solange ein Angehöriger derselben Tiyospaye etwas besitzt, wird kein anderes Mitglied darben.

Inzwischen ist es stockdunkel geworden. Über uns funkeln die Sterne. Nach einer langen Pause sagt Bob: »Nacey Kills

Many sagte mir vor Jahren, dass eine ›Wasicun‹ – das Lakota-Wort für Fremde, Weiße – in mein Haus kommen werde. Und: Sie sei eine gute Frau.« Lächelnd fährt er fort: »Damals in Zürich, als wir uns alle zum ersten Mal trafen, packte mich eine große Unruhe, wie ich sie sonst nicht kenne. Später in Denver, als ich am Morgen nach eurer Ankunft in der Hotellobby saß und sah, wie du auf mich zukamst, wusste ich schlagartig: Du bist die fremde Frau, von der Nacey gesprochen hatte.« Und viel später sagte Bob einmal: »Wenn ich auf mein Leben zurückschaue, hat mich alles, was geschehen ist, zu dir geführt.«

Seit meiner Ankunft im Erdhaus versuche ich mich in den Tagesrhythmus der Familie einzuleben, ohne etwas ändern zu wollen oder mich den Kindern aufzudrängen. Jessy und Constance lassen mehr Nähe zu als Robin und Logan. Wenn ich sie frage, ob ich ihr Haar kämmen soll, bringen sie mir sofort ihre Bürsten. Vor allem Jessy ist mit großer Begeisterung dabei, wenn ich ihre Haare zu Zöpfen flechte. Die zwei lieben es auch, andere zu frisieren: Entweder Bob oder ich müssen herhalten. Das Spannendste für die Mädchen sind jedoch meine Toiletten-Utensilien: Sie inspizieren die bunten Spangen und Bänder, den Lippenstift, die Wimperntusche.

Die Jungs tolerieren mich, solange ich sie in Ruhe lasse und ihre Grenzen anerkenne. Diese zu erkennen, ist aber nicht immer einfach. Einmal – Logan spielt mit einem großen Wasserfass – wage ich mit meiner Kamera einen Schnappschuss. Daraufhin beschimpft er mich und verlangt, dass ich den Film sofort vernichte. Erst als ich vorschlage, dass ich ihm das Bild nach der Entwicklung des Filmes übergeben werde und er es dann selbst wegwerfen könne, beruhigt er sich, schmollt aber noch tagelang.

Nach solchen Episoden ahne ich, dass es mit den Kindern schwierig werden könnte. Wäre Bob in dem Moment anwesend gewesen, hätte Logan sich beherrschen müssen. Sie wissen sehr genau, was sie sich in seiner Gegenwart erlauben können. Zudem: Wenn es Probleme mit einem Kind gibt, stellen sich die anderen drei automatisch ebenfalls gegen mich. Sie haben die Macht, ob sie mir gut gewillt gegenüberstehen wollen oder auch nicht: eine unangenehme Situation. Wenn Bob und ich über die Kinder sprechen oder allein sein wollen, müssen wir das Haus verlassen. Sobald alle schlafen, nehmen wir eine Decke und gehen in die Prärie hinaus.

Die Stille wird manchmal von Polizeisirenen unterbrochen oder dem Bellen der Kojoten. Dort draußen verbringen wir glückliche Stunden, besprechen kleine und große Sorgen, genießen die Nähe des anderen. Nur über die Zukunft verlieren wir kein Wort. Nicht darüber, dass er mit den Kindern bald fliegen wird, nicht über meinen Rückflug, der bald verfallen wird. Manchmal habe ich das Gefühl, dass Bob fürchtet, ich könnte weggehen.

Ich weiß nicht, wie ich mich entscheiden werde, ich weiß aber, dass ich angekommen bin. Es ist nicht nur Bob, der mir als Mann und als Persönlichkeit so sehr entspricht. Es ist die indianische Welt, die Menschen hier, die Schwitzhütte, der Geruch von Salbei, der Klang der Lakota-Sprache, die Trommelschläge, die Art der Menschen und wie sie denken. Selbst der Anblick der Büffel macht mich glücklich.

Dass Bob und ich zusammen sind, weiß bisher niemand. Wir beschließen, es vorläufig für uns zu behalten. Die Kinder sollen sich langsam und ohne Druck an meine Gegenwart gewöhnen. Sie sollen nicht das Gefühl bekommen, dass ich einen Platz einnehmen will, der bisher ihnen allein gehörte.

An einem Morgen kommt Birgil vorbei und geht mit Bob vors Haus. Am Abend erzählt mir Bob, dass Birgil ihm gesagt habe: »Ich bin glücklich für dich.« Auf Bobs erstaunte Frage, was er damit meine, habe Birgil trocken geantwortet: »Du bist verliebt. Darum.«

Wenn ich auf mein Herz höre, ist meine Entscheidung klar und deutlich wie ein wolkenloser Himmel in einer sternenklaren Nacht: Wo immer Bob hingeht, ich würde ihm bis ans Ende der Welt folgen. Ich weiß, dass ich hierhergehöre und das Schicksal dieser Menschen, dasjenige von Bob und seinen Kindern teilen möchte. Wenn sich mein Verstand meldet, schleichen sich allerdings Zweifel ein. Ein Mann mit vier kleinen Kindern entspricht nicht meiner Traumvorstellung, dazu ist er achtzehn Jahre älter und besitzt nichts. Im Gegenteil, er hat Schulden. Nebst einem monatlichen Scheck von der Sozialhilfe und unregelmäßigen Gelegenheitsjobs hat Bob keine Einkünfte. Er macht mir nichts vor. Er drückt es einfach und klar aus, wenn er sagt: »Alles, was ich dir geben kann, ist mein Leben und meine Liebe: Mehr besitze ich nicht.«

In dunklen Stunden frage ich mich: Werde ich mich an die Armut gewöhnen, an den Alkohol in der Umgebung, an die Zerrissenheit der Menschen? Nach hundert Jahren Reservatsleben versucht ein Volk, wieder aufzustehen und Fuß zu fassen. Es versucht zu verstehen, was der weiße Mann als Recht bestimmt, und darin zu überleben. Das Leben im Reservat hat nichts mit Idylle und Romantik zu tun. Es ist eine harte Realität, die menschliches Leid und materielle Entbehrungen miteinschließt. Die meisten Menschen hier haben keine Wahl, wie sie leben wollen. Ich habe sie.

Sonnentanz

Der Sonnentanz ist uns so heilig, dass wir kaum davon sprechen.
Mato Kuwapi Chased By Bears, Santee-Yanktonai

Über die Sonnentänze weiß ich noch nicht viel mehr, als dass sie zu den wichtigsten und heiligsten Zeremonien gehören, sie werden seit Jahrhunderten im Sommer unter strengsten Bedingungen und an abgelegenen Orten durchgeführt. 1884 hatte die US-Regierung ein Gesetz in Kraft gesetzt, welches den indianischen Völkern alle spirituellen Handlungen und Zeremonien untersagte. Erst 1978 wurde dieses Verbot wieder aufgehoben. Wären die Schwitzhütten, Sonnentänze und andere Zeremonien nicht heimlich weitergeführt worden, wären diese wichtigen Träger der indianischen Kultur für immer verloren gegangen.

Jeder Medizinmann führt seinen eigenen Sonnentanz durch.

Dies geschieht während der heißesten Zeit, Mitte Juli. Die Tänzer bereiten sich durch Fasten und mit der Inipi, der Schwitzhütten-Zeremonie, auf diesen Anlass vor.

Am Abend vor dem Sonnentanz kommt John Around Him in Bobs Schwitzhütte. Wenn ich möchte, sagt er zu mir, könne ich den Frauen helfen, das Essen vorzubereiten. Sie könnten meine Hilfe gut gebrauchen. Ich sage sofort zu und lasse mir nicht anmerken, dass ich am liebsten einen Freudensprung machen würde. Am nächsten Tag fahren wir gemeinsam mit den Kindern los. Von Kyle aus geht es durch eine Gegend, die Yellow Bear genannt wird und die sich bald in eine hügelige Waldgegend mit vielen Kiefern verwandelt.

Wir biegen von der asphaltierten Straße in einen holprigen Feldweg ein. Ein Holzschild am Wegrand nennt die wichtigsten Regeln, die auf dem nahen Sonnentanzareal gelten: Video- oder Fotokameras, Tonbandgeräte, Waffen, Alkohol und Drogen sind strengstens verboten, und: Touristen haben keinen Zutritt. Wir gelangen auf eine Anhöhe mit einer großen Lichtung. In ihrer Mitte befindet sich der Sonnentanzplatz: eine Kreisfläche mit einem Durchmesser von etwa dreißig Metern. Um sie herum zieht sich ein gedeckter Ring, der sogenannte Shade (englisch für Schatten), das ist die Zone, in welcher sich die Angehörigen der Sonnentänzer während des Tanzes aufhalten, der in der prallen Sonne stattfindet. Im Shade darf nicht gegessen, nicht getrunken und auch nicht geraucht werden.

Außerhalb des gesamten Areals stehen im Westen fünf prächtig bemalte Tipis und zwei Schwitzhütten. Am Tag vor der viertägigen Zeremonie wird der sogenannte Lebensbaum in der Mitte des Sonnentanzplatzes aufgerichtet. Ohne dass er den Boden berührt, wird der frisch gefällte Cottonwood-

Baum von den Tänzern in den Sonnentanzkreis getragen. Bevor er in das vorgegrabene Loch gestemmt wird, legen die Frauen zerstampfte Büffelbeeren und ein Büffelherz hinein und die Tänzer binden Gebetsflaggen und Tabaksäckchen an die Äste. Um den schweren Baum mit Seilen aufzurichten, müssen alle Männer kräftig anpacken. Wenn er gerade steht, wird rund um den Stamm Erde in das Loch geschaufelt und festgestampft.

Alle Tänzer und Tänzerinnen haben wichtige Gründe, um an dieser Zeremonie teilzunehmen, die ihnen extreme physische Entbehrungen abverlangt, verbunden mit großen Schmerzen. Sie alle legen ein Gelübde ab, das sie verpflichtet, über mindestens vier Jahre am Sonnentanz teilzunehmen.

Am frühen Abend begeben sie sich in die Tipis. Am nächsten Tag beginnt noch vor Sonnenaufgang das eigentliche Ritual. Ab jetzt ist den Tänzerinnen und Tänzern der Kontakt zu den Außenstehenden untersagt. Die nächsten vier Tage nehmen sie keine Nahrung zu sich, und nur jeweils am Abend erhalten sie in der Schwitzhütte ein wenig Wasser oder Tee. Die Angehörigen sitzen im Shade und unterstützen die Tänzer und Tänzerinnen mit ihren Gebeten. Ihr Ring ist mit feinen, rot bemalten Holzstäben gegen den eigentlichen Sonnentanzplatz abgegrenzt, den sie nicht betreten dürfen. Dieser hat eine Öffnung gegen Osten, um die Spirits einzulassen.

Wir kommen früh am nächsten Morgen wieder. Wie die anderen Frauen trage ich einen langen Rock, denn die Angehörigen sollen sich hier nicht leicht bekleidet aufhalten, viele haben einen Schal um die Schultern gelegt. Die Trommler schicken Sonnentanzlieder in den Wind. Die rund fünfzig Tänzer und Tänzerinnen betreten den Kreis und wenden sich dem Lebensbaum zu. Die Männer, nur mit einem langen, um die

Hüften gebundenen Tuch bekleidet, tragen die Haare offen, mit einer Adlerfeder geschmückt. Hinter ihnen reihen sich die Tänzerinnen auf, auch sie mit offenem Haar, in langärmligen, bis zum Boden reichenden Kleidern. Die Stoffe sind zum Teil mit farbigen Mustern und Motiven bestickt oder bemalt.

Männer und Frauen tragen Kränze aus Salbei auf dem Kopf sowie um die Hand- und Fußgelenke. Die Augen sind während des Tanzes auf den Lebensbaum gerichtet, die Körper bewegen sich im Rhythmus der Trommeln und Gesänge. Adlerknochenpfeifen ertönen, ab und zu fächern sich die Tänzerinnen und Tänzer gegenseitig mit einem Vogelflügel Luft zu. Es ist brütend heiß.

Nach jeder Runde, die etwa eine Stunde dauert, können sich die Tänzer und Tänzerinnen hinter dem Altar auf einem beschatteten Platz ausruhen. Bis die Trommeln zur nächsten Runde rufen.

In den Pausen zwischen den Tänzen ergreifen einige der Angehörigen im Schattenkreis das Wort. Sie gedenken der Verstorbenen und reden von der Verbindung der Menschen zu Tunkasila, dem großen Heiligen, Gott. Die Zeremonie ist nicht nur für das Leben der Tänzer und Tänzerinnen von großer Wichtigkeit, sie soll dem Planeten Erde und allen Lebewesen Heilung und Erneuerung bringen. Das große Heilige gehört hier zum Leben wie das Essen, das Trinken, das Schlafen und andere alltägliche Dinge, über die man ohne Scham und Zurückhaltung spricht.

Auf einer entfernten Anhöhe stehen die Zelte der Angehörigen. Hier haben Johns Frau Linda und ihre Töchter Amaris und Clovia den Kochplatz mit Feuerstelle, Wassercontainer und Pfannen eingerichtet. Aus dem Büffel, der für die Zeremonie getötet wurde, werden sie eine schmackhafte Suppe

53

zubereiten. Am Abend, wenn die Sonnentänzer in den Tipis verschwunden sind, wird diese an die Angehörigen verteilt werden: Über hundert Personen gilt es zu verköstigen.

Am Morgen dieses zweiten Tages gehe ich zu Lindas Kochplatz. Als ich mich den Frauen nähere, beginnen sie zu kichern und zu flüstern. Ich setze mich zu ihnen und schaue sie fragend an: »Haben wir ein neues Paar?«, sagt Linda neckend und stößt die Frau neben sich mit dem Ellbogen an. Meine Beziehung zu Bob scheint nicht mehr so geheim zu sein, wie wir annahmen. Ich blicke Linda erstaunt und möglichst unschuldig an, was dazu führt, dass alle Frauen in Gelächter ausbrechen.

Am Nachmittag betreten alle Tänzer und Tänzerinnen wieder den inneren Kreis und bewegen sich im kraftvollen Rhythmus der Trommeln. Die Entbehrungen zeichnen bereits ihr Gesicht. Einer nach dem andern treten die Tänzer nun vor und gehen zum Lebensbaum, wo sie sich auf ein Büffelfell legen. Die älteren Zeremonienleiter – darunter John – machen ihnen auf der rechten und der linken Brustseite je einen kleinen Schnitt, durch den ein schmales Holzstäbchen gestoßen wird.

Seit Hunderten von Jahren wird dieses Ritual durchgeführt. Nur die technischen Bedingungen haben sich im Lauf der Zeit verändert. Heute trägt der Sonnentanzleiter während des Piercens dünne Gummihandschuhe und benutzt bei jedem Tänzer ein neues Messer. Wir leben im 20. Jahrhundert, und Aids ist auch im Reservat ein Thema.

An beide Enden der Stäbchen wird nun eine Schnur geknüpft, an die ein Seil gebunden wird, das am Lebensbaum befestigt wird. Der Tänzer bewegt sich nun rückwärts, bis die Seile straff vor seiner Brust spannen. Aus den Wunden läuft ein dünnes Rinnsal Blut. Die Gepiercten bewegen sich mit unbewegter Miene. Je länger sie in Bewegung sind, desto heftiger legen sie sich in die Seile, was den schmerzhaften Druck auf das Piercing verstärkt. Sie tun dies so lange, bis die Haut aufreißt und sich die dünnen Stäbe aus dem Fleisch lösen. Um dies zu erreichen, machen sie schließlich ein paar Schritte nach vorn und werfen sich dann kraftvoll nach hinten: Bei einem Tänzer reißt das Piercing erst auf, nachdem er den Vorgang einige Male wiederholt hat.

Bob hat mich auf diese Zeremonie vorbereitet und gesagt: »Der Schmerz des Piercens ist das einzige Opfer, das wir Tunkasila darbringen können. Unseren Körper können wir ihm nicht geben, den haben wir vom großen Vater erhalten. Aber den Schmerz können wir freiwillig auf uns nehmen.«

Sicher spielt bei einigen Tänzern auch die Tapferkeit eine Rolle, das Ertragen von körperlichem Schmerz und Entbehrung gilt seit je als Zeichen von Stärke. Frauen werden übrigens nicht gepierct.

Jetzt lehnt sich einer der Tänzer kurz an den Baum, um Kraft zu schöpfen: Dann wirft er sich rückwärts. Endlich reißt das Fleisch, und die Stäbchen fliegen durch die Luft. Der so Befreite nimmt seinen Platz in den Reihen der Sonnentänzer wieder ein und bewegt sich weiter, wie wenn nichts geschehen wäre.

Mein Herz beginnt zu rasen, und meine Knie werden weich. Ich kann nicht mehr stehen, mir wird schwindlig. Ich schaffe es gerade noch, mich ein paar Schritte vom Shade zu entfernen, und lege mich auf den Boden. Ich weiß nicht, ob mir das Mitleiden, die Hitze oder die geballte Energie, die sich in dem Sonnentanzkreis gebildet hat, zu schaffen machen. Es dauert einige Stunden, bis ich wieder auf den Beinen bin.

An nächsten Tag wird einem anderen Tänzer die Haut auf

den Schulterblättern mit je einem dünnen Holzstäbchen durchstoßen, an die wiederum eine Schnur gebunden wird, die mit einem Seil verbunden wird. An dieses werden zwei schwere Büffelschädel gehängt. Der Tänzer schreitet daraufhin im Uhrzeigersinn den Kreis ab. Er hält im Westen, im Norden, im Osten und im Süden des Kreises jeweils kurz an, um ein Gebet in die vier Himmelsrichtungen zu schicken: So schleppt er die Büffelschädel mehrmals im Kreis herum. In der letzten Runde setzen sich zusätzlich zwei Männer auf die beiden Gewichte, und der Tänzer zieht weiter, so lange, bis das Piercing aus seinem Rücken reißt.

Von der ersten Morgendämmerung bis zum letzten Sonnenstrahl dröhnen Trommeln und klingen Stimmen über die Hügel in die Prärie hinaus. Am dritten Tag kreist ein Weißkopfadler über dem Sonnentanz, und bald kommt ein zweiter dazu. Lautlos ziehen sie ihre Runden.

Für die Lakota ist der Adler der Bote zwischen Tunkasila und der Erde, ein verehrtes und respektiertes Tier. Kein Vogel schwebt so hoch über der Erde wie der Adler, seinem Auge entgeht nichts, und sein Flug ist schwerelos. Am Sonnentanz taucht er fast immer auf. Tunkasila hört die Gebete.

In der Zwischenzeit sind die Tänzer sichtlich erschöpft. Ein Mann bricht zusammen. Er wird von zwei anderen zum Lebensbaum geschleppt. Nach einer kurzen Ruhepause steht er auf und macht weiter. Nachdem die Tänzer drei Tage lang kaum Flüssigkeit zu sich genommen haben, taucht der Heyoka auf. Der Heyoka macht alles falsch. Er sitzt verkehrt auf dem Sattel seines Pferdes, wäscht sich mit Sand und trocknet sich mit Wasser ab. Auch wenn er alle zum Lachen bringt – ich verstehe seine seltsame Rolle nicht wirklich. Vor den Augen der ausgetrockneten Tanzenden gießt er sich das kühle Nass über das Gesicht und schlürft es laut und genüsslich. Wenn er genug getrunken hat, spuckt er es den Durstigen in einem Strahl vor die Füße. Verführerisch hält er ihnen die Schöpfkelle vor das Gesicht und leert sich das Wasser über die Brust. Die ausgetrockneten Teilnehmer tanzen weiter, als wäre der Quälgeist nicht anwesend. Erst wenn der letzte Tropfen verschwendet ist, entfernt sich der Heyoka.

Am dritten Tag wird eine Heilungszeremonie durchgeführt. Dabei kann jeder bis an den Rand des inneren Kreises vortreten. Die Sonnentänzer laufen dem Kreis entlang und berühren mit einem Salbeizweig oder einer Adlerfeder den Kopf und die Schultern der Anwesenden. Tränen strömen über mein Gesicht, als ich den Salbei spüre und Adlerfedern über meinen Kopf und meine Schultern streichen. Das stundenlange Stehen in der prallen Sonne setzt mir zu, ich kann mir nicht vorstellen, wie die Tänzer die vier Tage ohne Nahrung und Wasser durchstehen.

Bob spürt während der Heilungszeremonie eine starke Erhitzung seines verletzten Knies, das sich von dem Motorradunfall und den vielen Operationen nie mehr ganz erholt hat. Nach diesem Sonnentanz nimmt er die Kniestütze, die er bis anhin getragen hat, ab, um sie nie wieder anzulegen.

Am Abend des vierten Tages ist die Zeremonie beendet. Die Tänzer und Tänzerinnen verlassen den Kreis und werden von ihren Angehörigen in Empfang genommen. Sie gehen an uns vorbei und reichen jedem die Hand. Die Erleichterung steht ihnen in die erschöpften Gesichter geschrieben. Eine Tänzerin überreicht mir ihren Salbeikranz.

Diese vier Tage haben mich verändert: Das Unwesentliche hat sich aufgelöst, als ob der unentwegte Schlag der Trommel das geistige Herz wieder zum Schlagen gebracht hätte. Auf dem Heimweg überkommt mich eine große Traurigkeit. In den vier Tagen hat jeder das Starke und Gute in sich und in den anderen erlebt, weit weg von den Lasten des Alltags, fern von Sorgen und Familienzwist, Neid und Hass. Die Rückkehr in den Alltag ist schwierig.

Allein in Kyle

*Denkt nicht immer an euch selber, oh Chiefs, auch nicht
an eure eigene Generation, denkt an die kommenden
Generationen eurer Familien, denkt an eure Großkinder,
an die noch Ungeborenen, deren Gesichter aus der Erde
kommen.*
Peacemaker, Gründer der Irokesen-Konföderation

Die Tage nach dem Sonnentanz gehen mit den Vorbereitungen für Bobs Reise in die Schweiz vorüber. Die Vorstellung,
drei Wochen von ihm getrennt zu sein, belastet mich. Er und
die Kinder packen wenige Kleidungsstücke in die Taschen,
und nach einer zehnstündigen Autofahrt erreichen wir Minneapolis. Dort checken wir in ein billiges Motel ein. Ich weiß,
dass Bob jeden Dollar umdrehen muss, und biete ihm an, das
Zimmer zu bezahlen, was er vehement ablehnt. Die Bleibe ist
schmuddelig, die Laken sind schmutzig. An Schlaf ist nicht zu
denken. Ich wälze mich hin und her und frage mich, wie ein
Leben mit Bob im Reservat verlaufen würde. Ich denke über
unsere so unterschiedliche Herkunft nach.

Als Waisenkind lebte Bob in einer mittellosen Pflegefamilie, und die Armut kennt er besser als alles andere. Er hat zwei gescheiterte Ehen hinter sich, lebt in der ärmsten Gegend der USA, und sein Leben ist ein einziger Überlebenskampf. Ich wuchs in einem der reichsten Länder der Welt in geordneten Verhältnissen auf. Wir lebten im Wohlstand und konnten uns leisten, was immer wir brauchten und wollten. Mein Vater stammte aus einem sehr strengen, wohlhabenden Elternhaus, in dem großer Wert auf gutes Benehmen gelegt wurde und konservative Werte hochgehalten wurden. Mit sechzehn Jahren begann er im Hotelfach zu arbeiten. Sein Beruf ermöglichte es ihm, die Welt zu bereisen und seiner Abenteuerlust zu folgen.

Meine drei Geschwister und ich wurden alle in Brasilien geboren und besitzen die brasilianische Staatsbürgerschaft ebenso wie die schweizerische. Erst als mein ältester Bruder ins Schulalter kam, zogen wir in die Schweiz zurück.

Meine Mutter stammt aus einer sehr musikalischen Familie: Die Großmutter mütterlicherseits war eine intelligente, fleißige und verwegene Frau, die leidenschaftlich gerne Violine spielte und in jungen Jahren allein nach London zog, um sich musikalisch weiterzubilden. In London lernte sie meinen Großvater kennen, auch er ein Musiker. Als sie mit dem vierten Kind schwanger war, verließ er die Familie, und Großmutter Carolina musste ihre Kinder allein aufziehen. Zurück in der Schweiz, fand sie Arbeit als Übersetzerin im Bundeshaus in Bern.

Meine Mutter studierte ebenfalls Musik, Gesang und Klavier. Mozart, Beethoven, Wagner und Chopin verkörpern ihre kulturellen Ideale, und über allem steht das Christentum. So wurde ich erzogen. Meine Großmutter väterlicherseits nahm mich als Kind öfters nach St. Moritz in ein exklusives Hotel mit. Sie lehrte mich, den Speisesaal einen Meter hinter ihr zu betreten. Sie kaufte mir hübsche Kleider, damit ich optisch zu ihr, dieser groß gewachsenen, eleganten Frau von Welt, passte. Aber ich kletterte lieber auf Bäume und sprang über Bäche, und am Ende der Ferien waren die teuren Röcke und Blusen meist zerrissen. Die Enttäuschung, dass ich nicht zu zähmen war und wohl nie eine Dame werden würde, muss meine Oma schwer getroffen haben.

In dieser schlaflosen, stickigen Nacht erinnere ich mich auch daran, wie ich als kleines Mädchen in meinem Zimmer bäuchlings auf dem Boden lag, einen riesigen Weltatlas vor mir. Ich schaute auf den nordamerikanischen Kontinent, zeigte mit dem Finger irgendwo in die Mitte dieses riesigen Landes und sagte zu mir selbst: Da gehe ich einmal hin.

Als ich etwa zehn Jahre alt war, nähte mir meine Mutter ein wunderschönes Indianerkleid. Ihr zuliebe trug ich es einmal. Aber ansonsten fand ich, dass Indianer kein Verkleidungsthema sein sollten. Es ärgerte mich, wenn ich die kitschigen farbigen Kleider und Federn sah, die überhaupt nicht dem entsprachen, was die Indianer auf den Fotografien meines Lieblingsbuches trugen. Als Mädchen sprach ich selten über meinen indianischen Traum, vielleicht aus Angst, nicht ernst genommen zu werden.

Später besuchte ich die Schauspielschule und fand danach sofort ein Engagement am Basler Stadttheater. Mein Leben und meine Arbeit gefielen mir. Trotzdem fühlte ich mich oft rastlos. Ich wurde unstet, konnte mich nicht längere Zeit an einem Ort aufhalten, und meine Beziehungen dauerten nie länger als ein paar Monate. Ich war auf der Suche nach einer anderen Welt, nach meinem Leben. Als Teenager bestickte ich eine

Ledertasche nach einem indianischen Muster mit Glasperlen. Bis zu meiner Abreise hing sie in jedem Zimmer, das ich gerade bewohnte: Sie wurde zum Symbol für die Suche nach einer neuen Heimat.

Die Leuchtreklame der Motelfassade zaubert Lichtfragmente in unser Zimmer. Irgendwann setzt die Morgendämmerung ein. Mein Leben könnte unbekümmert weitergehen. In wenigen Wochen wäre ich wieder in der Schweiz, bei meinen Freunden, in meinem gewohnten Alltag, der sich bisher nur um mich selbst drehte. Gedanken und Bilder jagen durch meinen Kopf, während ich neben Bob in diesem schmutzigen Motelzimmer liege. Ich weiß, dass er woanders nicht glücklich werden könnte.

Am Morgen ist Bob bedrückt, die Kinder hingegen sind aufgeregt und freuen sich auf ihren ersten Flug. Ich begleite sie bis zum Gate. Wir verabschieden uns schweren Herzens. Als ich mit dem roten VW-Bus alleine losfahre, fühle ich mich krank. Mein Kopf schmerzt, der Hals brennt wie Feuer. Ich übernachte schließlich in einem Motel. Hier kann ich nach Hause telefonieren. Meine Mutter ist nicht sehr überrascht, als ich ankündige, länger bleiben zu wollen als vorgesehen.

Die zehnstündige Autofahrt bis ins Reservat dauert ewig. Ich möchte so schnell wie möglich heim nach Kyle und realisiere, wie unwohl ich mich außerhalb des Reservates fühle. Die riesigen Supermärkte, die mächtigen Trucks, der ganze Lärm: Erst als von Kili Radio die vertrauten Trommelklänge und Gesänge erklingen, entspanne ich mich ein wenig.

Nach einigen Tagen geht es mir wieder besser. Sobald ich mich einigermaßen gesund fühle, beginne ich zu putzen. Ich muss mich beschäftigen, damit die Zeit vergeht. Ich fege das Erdhaus von oben bis unten, entdecke Müll unter den Kinderbetten, schmutzige Kleider, Abfallpapier, sogar eine Maus und tote Kakerlaken kommen zum Vorschein.

Bevor Bob abreiste, gab er mir auf mein Drängen hin die Telefonnummer eines Spezialisten, der mit chemischen Mitteln gegen Ungeziefer und deren Eier vorgeht. Ich beschließe, diesen Kammerjäger aufzusuchen, der außerhalb von Kyle in einer kleinen Holzhütte lebt. Als ich komme, steht er hinter seiner Hütte und raucht eine selbst gerollte Zigarette. Der Geruch von Marihuana erfüllt die Luft. Sein ungewaschenes Haar klebt an der Stirn, die Kleider sehen aus, als würde er sie nie wechseln. Der Typ hält mir seinen Joint hin. Als ich empört ablehne, nimmt er selbst einen Zug und sagt, er werde am nächsten Morgen vorbeikommen. Tatsächlich steht er am nächsten Tag mit einem großen Kanister in der Hand vor der Tür. Der Gestank hängt noch lange im Haus, und da es im Erdhaus nur im Wohnzimmer Fenster gibt, ist es unmöglich, richtig durchzulüften. Das Ungeziefer zeigt sich von der Aktion wenig beeindruckt.

Ich bestelle den Kammerjäger ein zweites Mal, danach scheint das Gift zu wirken. Irgendwann wird mir jedoch klar, dass es ein Kampf gegen Windmühlen ist. Durch den »commodity food« werden sowieso bald neue Kakerlaken ins Haus kommen, da bin ich mir sicher. Sie legen ihre Eier an die Papierumschläge der Konservendosen, die zu Tausenden verteilt werden. Der »commodity food« wird jeden Monat im Gemeindehaus von Kyle an die Lakota abgegeben. Er besteht vor allem aus Dosen- und Trockennahrungsmitteln, die vom Staat an all jene verschenkt werden, die unter der offiziell definierten Armutsgrenze leben: Hier betrifft das über sechzig Prozent der Bevölkerung.

Auf den Dosen steht in schwarzen Druckbuchstaben: »Gespendet von den Menschen der Vereinigten Staaten«. Wenn man das liest, fragt man sich unwillkürlich, ob die Lakota nicht zur amerikanischen Bevölkerung gehören. Auch Bob holt für seine Familie Gratis-Nahrungsmittel. Diese Esswaren bestehen aus Amerikas Lebensmittelüberschüssen, die zu Dosennahrung verarbeitet werden. Der übermäßige Fett-, Zucker- und Salzgehalt löst starke Akne aus, und auch die sehr hohe Diabetesrate im Reservat ist hauptsächlich auf die schlechte Ernährung zurückzuführen. Jeder zweite Lakota ist zuckerkrank. Das ist selbst unter den benachteiligten Minderheiten der Vereinigten Staaten die höchste Rate.

Als Folge der schlechten medizinischen Versorgung sind Todesfälle durch Diabetes bei den Lakota zudem doppelt so häufig als bei der übrigen amerikanischen Bevölkerung. Die Menschen können sich keine frische Nahrung kaufen, da sie zu teuer ist, und was gratis erhältlich ist, wird sowieso gegessen. Ich hatte von dieser Art Armut früher nichts gewusst. Hatte keine Ahnung von dieser Not in einem der reichsten Industrieländer der Welt.

Entscheidungsfindung

*Ich habe einige von den großen weißen Häuptlingen
gefragt, woher sie das Recht und die Macht nehmen,
dem Indianer zu sagen, dass er auf einem Fleck zu
bleiben hat, während er die Weißen nach Belieben
umhergehen sieht. Man konnte mir keine Antwort
geben.*

Häuptling Joseph, Nez Percé

Inge – die Frau mit dem biologischen Gartenprojekt – ist
inzwischen angekommen. Sie bewohnt einen alten Trailer, den
Birgil für sie aufgestellt hat. Inge kommt aus Deutschland, ist
Anfang fünfzig und ziemlich resolut. Man sieht ihr an, dass sie
eine harte Arbeiterin ist. Ihr fahlblondes Haar ist stellenweise
ergraut. Ihre Gesichtshaut – trocken und faltig – ist von der
Witterung braun gebrannt. Sie sieht älter aus, als sie ist. Ihre
Kleider sind abgetragen. Auf ihr Äußeres legt sie offensicht-
lich nicht viel Wert. Aber sie ist begeistert von ihrer Aufgabe.
Da sie noch über kein fließendes Wasser verfügt, muss sie mit
ihren Kanistern nach Kyle fahren, um Trinkwasser zu holen.
Später soll ein Brunnen gebohrt werden. Mit Gartenwerkzeug

und Saatgut gefüllte Kisten stehen zu Dutzenden in ihrem Wohnwagen.

Ich helfe mit, so gut es geht. Inge ist unglaublich entschlossen in ihrer Arbeit und hofft, die Lakota zu eigenen, ähnlichen Aktivitäten ermutigen zu können. Dem amerikanischen Junkfood hat sie den Kampf angesagt. Monate später kann sie ihr erstes biologisches Gemüse ernten und bietet es sehr günstig zum Verkauf an. Der trockene, karge Boden ist allerdings schwer zu bearbeiten. Später kauft Inge Bewässerungsschläuche und einen Rasenmäher, um das hohe Präriegras zu schneiden, in dem sich Klapperschlangen verstecken.

Im Verlauf der Zeit lerne ich einiges über den Gartenbau, was mir später sehr nützlich sein wird. Selbstverständlich gehört auch die biologische Düngung dazu. Als sie mir irgendwann erzählt, dass sie auf ihre Erdbeeren uriniere, weil dies der natürliche Kreislauf sei, kann sie sich selber ein Lächeln nicht verkneifen. Ich wasche von nun an den Salat, den ich mit nach Hause nehme, nicht nur zweimal, sondern fünfmal.

Wiederum einige Monate später, ich hatte es mir längst zur Gewohnheit gemacht, Bob und die Kinder mit frischem Biosalat aus Inges Garten zu versorgen, erzähle ich meiner Familie amüsiert von Inges unkonventionellen Düngemethoden. Die Kinder blicken mich entsetzt an. Später ärgere ich mich über meine Unbedachtheit, denn von nun an rühren sie nichts mehr an, was aus Inges Garten stammt.

In Bobs Abwesenheit lerne ich meine Nachbarschaft kennen: In vielen Häusern leben drei Generationen unter einem Dach. Ein Altersheim gibt es hier nicht. In fast jeder Familie lebt eine Großmutter oder ein Großvater, und diese tragen ihren Teil zur Kinderbetreuung bei. Etwa zwanzig Meter neben Bobs Erdhaus lebt Mona mit ihrem fünfjährigen Sohn

Dave. Sie war die Frau des Medizinmannes Nacey Kills Many, der vor wenigen Jahren gestorben ist. Sie waren nicht verheiratet. Mona kommt nun oft zu mir. Wir trinken Kaffee zusammen, aber sie spricht nicht viel. Sie hat kein Geld, ein paar Dollar von der Sozialhilfe, sonst nichts.

Wenn ein Mann stirbt, ist die Frau meist bald mit einem neuen Versorger liiert. Früher war ein Überleben ohne Mann nicht möglich, er ging zur Jagd und sorgte für die Familie. Auch heute ist es ohne Ernährer schwierig. Von Mona lerne ich allmählich, wie die Dinge hier funktionieren.

Neben ihrem Zuhause steht ein anderer Trailer, an dessen Eingangstür ein großes Kreuz hängt. Hier leben Doffie und Larry, ein weißes amerikanisches Ehepaar. Sie haben ihre eigene Kirche in ihrem Trailer gegründet und folgen ergeben ihrer Lebensaufgabe als selbst ernannte Missionare. Nirgendwo sind auf so kleinem Gebiet dermaßen viele Kirchen versammelt wie im Reservat. Einige Lakota heiraten kirchlich, was auf die Anfangszeit der Reservatszeit zurückgeht: Die Essensrationen wurden damals nur an jene verteilt, die die Gotteshäuser besuchten. Um zu überleben, traten damals sogar Medizinmänner der Kirche bei. Doch die wirkliche Bekehrung der Indianer zum Christentum lässt auf sich warten.

Doffie und Larry grüßen stets lächelnd, aber ich vermeide es, mich auf ein längeres Gespräch einzulassen. Einmal kommt Dina – eine andere Nachbarin – zu Besuch. Sie setzt sich und lässt ihren Blick durch das Zimmer schweifen. Sie runzelt die Stirn und schaut mich an: »Und? Gefällt es dir hier in diesem Erdhaus?« Ein ironisches Lächeln fliegt über ihr Gesicht, in ihrem Blick liegt so etwas wie Mitleid. Nach einer Pause fährt sie etwas zögerlich fort: »Ich hätte nie gedacht, dass du es so lange aushältst mit den vier Rackern.«

Es ist mir nicht ganz klar, worauf sie hinauswill, offenbar hat sie keine gute Meinung von Bobs Kindern. Ich erwidere vorsichtig: »Sie müssen sich zuerst an mich gewöhnen.« Ich finde es unangenehm, ein Gespräch zu führen, ohne zu wissen, was genau bezweckt wird. Also frage ich sie direkt: »Kennst du die Kinder gut?« Dina bleibt vage: »Sie waren einige Male bei mir, wenn Bob arbeiten musste.« Ich frage nicht weiter, es klang, als wollte sie mich warnen.

Eines Morgens klopft John Around Him an die Tür. Er fragt, ob ich mit nach Denver fahren wolle, er fahre fünf junge Lakota zum Flughafen. Sie würden an der Uno-Konferenz für indigene Völker in der Schweiz erwartet. Sie sollen an einem Lauf teilnehmen, der von Genf aus durch die Schweiz führt, um auf die Situation der Native Americans – der Indianer in den USA – aufmerksam zu machen. Es ist derselbe Anlass, zu welchem Bob mit seinen Kindern gereist ist. Es scheint, als wolle mir John eine kleine Abwechslung bieten. Schnell packe ich ein paar Sachen zum Übernachten ein, und wenig später sitzen wir alle im Kleinbus. Wir halten nur kurz an, um zu tanken, und versorgen uns bei dieser Gelegenheit mit Getränken und Sandwiches.

Um zehn Uhr nachts kommen wir in Denver an und bringen die Läufer in ein Motel. Von dort aus ist es nicht weit bis zum Flughafen. Ihr Flugzeug fliegt am nächsten Morgen. John will die Heimfahrt sofort antreten, wir verabschieden uns und fahren Richtung Süd-Dakota: Bis Kyle sind es 640 Kilometer. In Fort Morgan biegt John zu meinem Erstaunen in eine Moteleinfahrt ein und teilt mir mit, dass wir hier übernachten werden. Er nimmt seine Tasche aus dem Wagen, ich greife nach meinem Gepäck und folge ihm. Beiläufig erwähnt er, dass es billiger sei, nur ein Zimmer zu nehmen. Bevor ich einen

Gedanken fassen kann, stehen wir bereits in einem einfachen Zimmer. Immerhin sind die beiden Betten durch die Nachttische voneinander getrennt.

Erst jetzt wird mir bewusst, dass ich mich in einer sehr seltsamen Situation befinde: mitten im Niemandsland, in einem Motel, dessen Namen ich mir nicht gemerkt habe, und im selben Raum mit einem Mann, den ich noch keine zwei Monate kenne. Ich kann mich nur auf meinen meistens gut funktionierenden Instinkt verlassen und darauf vertrauen, dass ich mich nicht täusche. John wirft seine Tasche auf das erste Bett und zieht seine Schuhe aus. Ich lege meine Tasche auf das andere Bett, krame mein Toilettenetui heraus, meine Trainingshose, ein T-Shirt und schließe mich im Badezimmer ein.

Als ich nach zehn Minuten frisch gewaschen und in Schlafgarnitur zurückkomme, liegt John komplett angezogen auf seinem Bett und schläft bereits tief. Am Morgen kurz vor sechs Uhr weckt er mich. Frisch geduscht und fertig für die Weiterfahrt, steht er vor meinem Bett, und bereits am Mittag sind wir wieder in Kyle. John ist fast immer in Eile, jede Minute beschäftigt, und meist organisiert er verschiedenste Dinge gleichzeitig. Stets ist er auf das Wohl anderer Menschen bedacht. Ich mag ihn sehr, und er wird mir – bis zu seinem Tod – ein enger Freund bleiben.

Ich zähle die Tage bis zu Bobs Rückkehr. Ich vermisse ihn sehr. In diesen Wochen gehe ich durch ein Wechselbad der Gefühle. Ich weiß, wie wichtig es ist, diese Zeit allein zu verbringen und den Alltag ohne ihn und die Kinder zu erleben. Ich muss herausfinden, ob ich mich mit der Realität hier arrangieren kann. Ich muss wissen, wie es ist, auf mich gestellt zu sein, und ob ich mit den Menschen in Kontakt kommen und ihr Vertrauen gewinnen kann.

In vielen Punkten bin ich hin und her gerissen. Meine Freunde und Freundinnen, die mir immer sehr wichtig waren und es immer noch sind, fehlen mir. Meine Arbeit, meine Freizeit, mein Leben, wie ich es bisher kannte, müsste ich aufgeben und neu aufbauen. Andererseits: Ich liebe die Menschen hier, ihre Mentalität und ihre Lebensweise sind mir nicht fremd. Auch wenn die »Res« eine erzwungene Lebensform darstellt, so ist es doch ein Stück »Indianer-Land«, auf welchem die alte Kultur weiterleben kann und die Identität ihrer Bewohner spürbar ist.

Aber unerbittlich wiederholt die andere Stimme in meinem Kopf: Es ist nicht nur das Land der Prärie, der Lakota, der Zeremonien und Pow-Wows. Es ist auch das Land der Unterdrückung und der Resignation. Bob ist ein Mann mit einem schweren, harten Leben. Zu Bob gehören die vier Kinder, und alles, was er besitzt, ist sein Erdhaus. Mit ihm zu sein, bedeutet, im ärmsten Bezirk der USA zu leben und zu einem Volk zu gehören, das mit seiner Tragik allein gelassen und vergessen ist, unbeachtet von den Politikern, ausgeschlossen von den wirtschaftlichen und medizinischen Fortschritten der übrigen Welt. Ein Volk mit mehr als ungewissen Zukunftsperspektiven.

Werde ich alles, was mein bisheriges Leben ausmachte, aufgeben können? Aus Liebe zu einem Mann, den ich seit ein paar Wochen kenne? Zum größten Teil würde ich mich an Bobs Leben anpassen müssen, auch wenn ich einiges von mir einbringen könnte. Und Robin, Logan, Jessy und Constance? Wie würden sie längerfristig mit der Situation zurechtkommen? Von einer drogen- und alkoholsüchtigen Mutter vernachlässigt und verlassen zu werden, hinterlässt tiefe Spuren. Ich habe viel Zeit, um nachzudenken und abzuwägen.

Schließlich komme ich zu einem einfachen Schluss: Mein Herz ist hier und meine Liebe auch. Ich kann und will die Weichen nicht mehr umstellen und werde meinem Weg folgen. Alles, was ich habe, ist das Vertrauen in Bob, in mich und die Kinder.

Oft besuche ich John Around Him und seine Frau Linda. Sie nehmen mich an das große Oglala Nation Intertribal Pow-Wow mit, das jedes Jahr Anfang August in Pine Ridge stattfindet. Die Tänzer und Tänzerinnen kommen aus verschiedenen Staaten. Anders als beim Pow-Wow in Kyle, das viel kleiner ist, finden sich hier in Pine Ridge Indianer verschiedenster Stämme zusammen. Mindestens 200 bis 300 Teilnehmer samt Kindern sind anwesend. Es bietet sich ein überwältigendes Bild auf dieser Wiese am Rande der Stadt. Im großen Shade sind fünf oder sechs Trommelgruppen versammelt, und außerhalb dieses Schattenkreises gibt es Buden und Stände, an denen Glasperlen, Ledergürtel, Indian Tacos und Eis angeboten werden. Die bekannteren Pow-Wow-Trommelgruppen bieten ihre Musik auf CDs und Kassetten an. John Around Him ist hier in der Jury und als Ansager engagiert. Wir bleiben bis tief in die Nacht.

An solchen Anlässen lebt der ganze indianische Stolz wieder auf, die Menschen können sich selber sein, im Gesang, in den kunstvollen Kleidern, die sie an den langen Winterabenden mit Perlen und Stachelschweinborsten bestickt haben. Die Würde, die in der Trostlosigkeit des Alltags allzu oft untergeht, bricht im Trommelschlag wieder hervor, wie eine Herde wilder Pferde, wie der Schrei der Kojoten in der Nacht und wie der stolze Ruf des Adlers.

Der Zeitpunkt von Bobs Rückkehr rückt näher. Ich habe das ganze Haus gründlich geputzt und nach der Giftaktion die toten Käfer zusammengewischt. Bob hatte mir vor seiner Abreise ein dickes Stück Leder übergeben und gefragt, ob ich ihm einen Lederbeutel für seine Cannunpa nähen könne. Die Löcher müssen jeweils mit einer Ahle vorgestochen werden, bevor Nadel und Faden durchgeführt werden können. Früher haben die Lakota zum Nähen eine robuste Büffelsehne benutzt. Heute wird eine künstlich hergestellte Sehne verwendet, die ebenfalls sehr belastbar und vor allem erschwinglich ist.

Ich schaffe es, die Cannunpa-Tasche fertigzustellen, und schneide das Leder außerhalb der Naht in schmale Fransen. Meine Finger sind zwar arg in Mitleidenschaft gezogen, aber ich bin zufrieden mit dem Resultat, das ich Bob bei seiner Ankunft Mitte August überreichen will. Ich fahre wieder zehn Stunden nach Minneapolis und hole meine Familie am Flughafen ab. Ich kann es kaum erwarten, dass Bob mich wieder in seine Arme schließt.

Alltag in der Familie

*Ich wurde in der Prärie geboren, wo der Wind frei
darüberstrich und nichts das Licht der Sonne abschirmte.
Ich wurde in einem Land geboren, wo es keine Zäune
gab und alles frei atmete, dort möchte ich auch sterben –
und nicht zwischen Wänden.*

Ten Bears, Comanche

Zurück in Kyle, beginnt für mich nun der normale Alltag, ohne
die anderen Europäer, ohne Ausflüge. Im Erdhaus beschließen wir, dass ich nun endgültig von der Schlafcouch in Bobs
Schlafzimmer übersiedle. Am zweiten Abend macht Jessy ein
Riesentheater. Sie heult und schreit: »Diese dumme Frau soll
weggehen.« Sie ist eifersüchtig und kämpft mit aller Kraft um
ihre Position. Sie hat Angst, dass ich sie von ihrem Platz ver-
drängen könnte.

Bob war bisher der einzige Mensch, dem die Kinder vertrauen konnten, der immer für sie da war. Er redet mit allen
und erklärt ihnen, dass er mich liebe, dies an seiner Liebe zu
ihnen aber nichts ändern werde. Bis jetzt war Bob ruhig geblie-

ben, aber als Jessy wieder schreit: »Diese dumme Frau soll gehen«, gibt er ihr einen Klaps auf den Hintern. Sie verstummt abrupt, dreht sich mit zusammengekniffenen Lippen um und wirft sich schluchzend auf ihr Bett. Sie tut mir so leid. Aber ich darf mich nicht einmischen. Es ist eine Angelegenheit, die Bob und seine Kinder miteinander ausmachen müssen. Gleichzeitig fühle ich mich schuldig. Meine Gegenwart stellt die ganze Familienordnung auf den Kopf. Ich habe Bob noch nie wütend gesehen. Er schreit die Kinder nicht an, aber jetzt ist seine Verärgerung förmlich greifbar. Er setzt sich hin und ist lange still. Erst als die Kinder schlafen, sagt er mit einem nachdenklichen Kopfschütteln: »Sie muss lernen zu akzeptieren.«

Am nächsten Morgen geht Bob mit den Kindern zum Damm und erklärt ihnen, dass er sein Leben mit mir verbringen möchte. Bei seiner Rückkehr sagt er mir: »Ich sagte ihnen auch, dass ihre leibliche Mutter sie freiwillig verließ und du sie aus freien Stücken annehmen und aufziehen willst.«

Das ist der Beginn einer langen emotionalen Achterbahn zwischen Akzeptanz und Ablehnung. Als Erstes versuche ich – Schritt für Schritt – ein paar Gewohnheiten einzuführen, unsere kleinen Rituale, wie ich es nenne. Am Abend, wenn die Kinder im Bett liegen, gehe ich bei jedem vorbei, um gute Nacht zu wünschen. Robin spielt zuerst den harten, gleichgültigen Typen, aber bald kann ich auch ihm etwas mehr Nähe geben, und er lässt sich manchmal sogar kurz umarmen.

Am Morgen, wenn Logan aufwacht, kommt er manchmal zu uns ins Bett und legt sich dicht neben mich. Dann lege ich meinen Arm um ihn und nach ein paar Minuten geht er wieder. Wir kaufen in der Stadt ein großes Bett für Jessy, es soll ihr helfen, auch räumlich ihr eigenes Plätzchen zu finden. Darüber ist sie glücklich.

Am 17. August 1989 feiert Constance ihren achten Geburtstag. Wir laden viele Kinder ein, machen Spiele, essen selbst gebackenen Kuchen und Eis. Von Jane – Constance' Mutter – kommt nicht einmal eine Karte, geschweige denn ein Geschenk. Am Abend geht Bob zu Birgil in die Schwitzhütte.

Als die Kinder schlafen, setze ich mich ins Gras vor dem Haus. Der Horizont ist von der untergehenden Sonne rot gefärbt. Mir steigen Tränen in die Augen. Zwei Monate sind verstrichen, seit ich in Denver gelandet bin. Seit über einem Monat bin ich nun hier in Bobs Haus und lebe mit seiner Familie zusammen. Ich fühle mich vollkommen erschöpft. Auf einen Schlag wurde ich »Mutter« von vier kleinen Kindern und bin vollumfänglich damit beschäftigt, für ihr Wohl zu sorgen. Es dämmert mir langsam, was es bedeutet, dieser riesigen Aufgabe gerecht zu werden.

Die nächsten Tage arbeitet Bob am Haus, er treibt ein paar Bretter auf. Das Wohnzimmer verwandelt sich in eine Werkstatt. Bald steht eine solide Bettstatt in unserem Schlafzimmer. Sie besteht aus ungehobelten Brettern und könnte dem Gewicht eines Elefanten standhalten. Bob zeigt mir Pläne von einem Haus, das er bauen will. Er meint, dass es in zwei Jahren so weit sein könnte.

Einige Meilen außerhalb von Kyle besitzt er einen Flecken Land, das er von seiner Mutter geerbt hat. Dort soll unser neues Zuhause eines Tages stehen, an einem ruhigeren Ort. Denn hier, etwa zwanzig Meter neben dem Erdhaus, führt die Straße zum Damm hinunter, der einen kleinen künstlichen See am Rande von Kyle staut. Früher wurden die Abwasser von Kyle hineingeleitet, heute gehen die Kinder dort manchmal fischen, und Jugendliche benutzen ihn für nächtliche Trinkgelage. Oft hören wir nachts die Polizeisirenen, dann wissen wir, dass die Ordnungshüter einem jugendlichen Raser nachjagen. Bob hofft, dass es ihm eines Tages gelingen wird, von Kyle wegzuziehen. Er findet, dass die Siedlung kein guter Ort sei, um Kinder aufzuziehen.

Die Adlerfeder

*Wir wollen nur überleben und bleiben, wer und was wir
sind. Und dafür werden wir dem Schöpfer immer danken. Wir wollen nur die Chance, unsere Lebensweise
und unsere Liebe zum Schöpfer unseren Kindern und
Enkeln weitergeben zu können.*
Harriett Starleaf Gumbs, Shinnecock

Eines Tages, wir sitzen während eines kleinen Pow-Wows in
Kyle zusammen im Gras, frage ich Bob, wie die Männer und
die Frauen hier zusammenkommen und wie es danach weiter-
geht. Er erzählt, dass in alten Zeiten ein Paar die Segnung
durch einen Älteren bekam, es gab keine Heirat, wie wir sie
kennen. Heute bleiben vor allem junge Lakota oft unverheira-
tet, weil sie nur so Anspruch auf den Scheck der Sozialhilfe
haben. Auch Bob und seine Kinder erhalten diese Unterstützung. Pro Monat sind es 450 Dollar.

Bob erzählt, dass man sich auch in einer Zeremonie durch
einen Medizinmann, einen Wicasa Wakan (heiliger Mann),
trauen lassen kann. Aber nur wenige wählen diesen Weg, denn

die Zeremonie mit der Cannunpa, die dabei benutzt wird, ist ein Gelübde, ein Versprechen vor Tunkasila – also vor dem großen Heiligen – und gilt somit als unwiderrufbar.

Bob sitzt neben mir und zupft Gras aus dem Boden. Er schaut mich an und blickt dann in die Ferne. Das tut er immer, wenn er nachdenkt. Den Wolken nachblickend, sagt er ruhig und als wäre es das Selbstverständlichste auf der Welt: »Ich kenne einen angesehenen Medizinmann.« Ich traue meinen Ohren nicht. Hat Bob soeben um meine Hand angehalten? Zwei Monate nachdem wir uns kennen gelernt haben?

Der Antrag entspricht nicht wirklich meiner Vorstellung von Romantik. Es ist mir jedoch bei verschiedenen Gelegenheiten aufgefallen, dass Lakota ihre Mitteilungen auf verschlungenen Pfaden machen. Mit der Zeit lernt man verstehen. Wenn jemand beispielsweise kein Geld hat, erzählt er zuerst eine lange und oft komplizierte Geschichte über die misslichen Umstände, die dazu geführt haben, und erläutert die Gründe genau, wieso gerade in diesem Moment das Geld dringend benötigt werde. Entweder kommt der Zuhörer dann selbst auf die Idee, etwas anzubieten, oder er zeigt keine Reaktion, so oder so wahren beide das Gesicht.

In dieser Art, wenn auch nicht um ein paar Ecken, sondern nur um eine herum, fragt mich Bob also, ob ich seine Frau werden wolle. Viel später sage ich manchmal scherzend: »Eigentlich hast du mir gar nie einen richtigen Heiratsantrag gemacht. Schlimmer: Du hast mich nicht einmal richtig gefragt.« Darauf meint er jedes Mal lachend: »Das habe ich sehr wohl getan. Und du hast sofort Ja gesagt.«

Tatsächlich höre ich mich jetzt antworten: »Gut, lass uns zum Medizinmann gehen. Denn wenn ich diesen Schritt wage, dann nur in Verbindung mit der Cannunpa.« Die ganze Tiefe um die Bedeutung der Cannunpa erfassen wahrscheinlich nur wenige Menschen, aber ich fühle, was gemeint ist, und kann mich damit identifizieren. »Wann gehen wir?«, frage ich als Nächstes. Über Bobs Gesicht huscht ein feines Lächeln.

Anschließend besprechen wir – ganz selbstverständlich – die praktischen Dinge und planen den großen Tag. Es geht alles so schnell. Ich kenne meinen zukünftigen Mann seit zwei Monaten, davon war er drei Wochen weg, die ersten drei Wochen einzig mein Reiseführer. Und morgen heirate ich also meine große, verrückte Liebe. Ich schlafe wenig in dieser Nacht. Am nächsten Tag, es ist Montag, wecken wir die Kinder früh. Bob hat ihnen noch am Vorabend von unseren Plänen erzählt. Dass wir nach Pine Ridge fahren werden, um zu heiraten, und anschließend den Medizinmann Dean Two Eagle aufsuchen, um den Termin für die Zeremonie zu vereinbaren.

Logan, Robin, Constance und Jessy scheinen nichts dagegen zu haben, wobei sie sich wahrscheinlich hauptsächlich auf einen Ausflug freuen und den Sinn unseres Unternehmens noch nicht richtig verstehen. Bob ist ein wenig nervös, und ich habe ein mulmiges Gefühl in der Bauchgegend. Ich bin dabei, mein Leben einschneidend zu verändern, ohne dass meine Familie oder meine Freunde in der Schweiz etwas davon wissen. Es gibt keine Einladungen, keine fliegenden Tauben, keine Hochzeitstorte, keinen Brautstrauß. Meine besten Kleider sind ein Paar saubere Jeans und ein neueres T-Shirt. Beides ziehe ich zur Feier des Tages an. Als Kutsche muss Bobs klappriger VW-Bus herhalten.

Unser Ziel sind die riesigen schmucklosen Backsteingebäude des Büros für indianische Angelegenheiten (BIA). Es hat eine dunkle Vergangenheit, schießt es mir – wenig festlich – durch den Kopf, als wir parken. Das BIA ist ein Organ der

US-Bundesregierung und für die Verwaltung und Vormundschaft aller indianischen Völker zuständig. In jedem Reservat hat es einen Sitz, Washington streckt seine Finger sozusagen in jedes indianische Haus. Es gibt in den Vereinigten Staaten heute 562 Stammesregierungen und den sogenannten Indian Reorganisation Act, der 1934 in Kraft gesetzt wurde und den Stammesregierungen mehr Souveränität verleihen soll.

Aber was auf den ersten Blick wie ein Fortschritt hin zu mehr Selbstbestimmung aussieht, täuscht. Die demokratische Regierungsform wurde den Indianern aufgezwungen, es ist die Regierungsform des weißen Mannes. Die ehemaligen Stammesregierungen, die Räte, verfügten über eine differenzierte Zusammensetzung – sie schlossen die Kriegerbünde, die zivilen Bünde sowie den Rat der Häuptlinge und jenen der Medizinmänner mit ein –, und man verhandelte so lange, bis Einigkeit gefunden wurde. Ein Mehrheitsbeschluss ist aus Sicht der traditionellen indianischen Räte ein unsozialer Vorgang. Die Häuptlingsräte der Lakota – sie existieren teilweise noch heute – werden von Washington nicht anerkannt. Im Indian Reorganisation Act steht: »Kein Gesetz der Stammesregierung, außer zur Besteuerung der Stammesmitglieder, darf ohne ausdrückliche Genehmigung durch das BIA vollzogen werden.« Das heißt, alle Beschlüsse der Stammesregierung müssen vom BIA genehmigt werden.

Ich versuche die düsteren Gedanken zu vertreiben. Schließlich erlebe ich heute einen glücklichen Tag. Die Kinder und ich warten im Auto, während Bob sich erkundigen will, was genau zu tun ist. Zehn Minuten später kommt er mit einem Papier in der Hand zurück. Man hat ihn zum Oglala Sioux Court geschickt. Dort hat er die Heiratslizenz in Form eines Formulars bekommen. Wir füllen es aus und unterschreiben es auf der noch warmen Motorhaube. Damit ist das Ereignis beinahe beendet. Bob muss das Papier nur noch vom zuständigen Direktor unterschreiben lassen, was er sofort erledigt.

Somit sind wir jetzt – sozusagen standesamtlich – verheiratet. Bob gibt mir einen langen Kuss auf die Lippen. Die Kinder kichern. Wir unterziehen uns dieser Prozedur nur, weil die Heiratslizenz eine Voraussetzung für die Green Card ist. Und die brauche ich, wenn ich in den USA leben will. Bald sitzen wir wieder im Auto und fahren Richtung Oral. Das kleine Dorf liegt außerhalb des Reservats.

Wir fahren über eine holprige Erdstraße, bis Bob vor zwei kleinen Hütten anhält. Eine Schwitzhütte steht neben einer großen Pappel, die ein Zeichen dafür ist, dass hier Indianer leben. Ein Hund rennt kläffend auf uns zu. Aus der Tür der größeren Behausung tritt ein alter Mann. Als er Bob erkennt, hellt sich seine Miene auf. Es ist nicht zu übersehen, dass Dean Two Eagle einmal ein gut aussehender Mann gewesen ist. Noch immer ist sein Gesicht markant. Die weißen Haare hat er zu einem Pferdeschwänzchen zusammengebunden. Bob erzählt ihm, wie wir uns kennen gelernt haben und dass wir soeben in Pine Ridge unsere Heiratslizenzpapiere unterschrieben haben.

Der Medizinmann zeigt seine Freude mit einem breiten Lächeln. Wir sollen morgen Abend wiederkommen, kurz vor Sonnenaufgang werde er die Zeremonie für uns abhalten. Zwei Adlerfedern müssen wir mitbringen, eine Decke, Bobs Cannunpa sowie Fleisch und andere Zutaten für eine gute Suppe.

Anschließend fahren wir in die Black Hills, in die heiligen Paha Sapa. Alles ist grün und üppig. Welch ein Kontrast zur trockenen, rauen, wilden Prärie. Ein Fluss stürzt über eine Felsenklippe in ein schäumendes Wasserbecken. Wir ziehen uns bis auf die Unterwäsche aus und springen in das kristallklare Wasser. Die Kinder toben sich aus und haben ihren Spaß. Als wir wieder trocken sind, fahren wir weiter. Das Hochzeitsessen findet in einer Pizzeria statt. Nachdem sich die Dämmerung über diesen aufregenden und eigenartigen Tag gelegt hat, gelangen wir über eine einsame Straße auf das weite Hochplateau der Badlands.

Hier oben lebt eine Schwester von Bob, eine der Töchter von Mama Bear, seiner Pflegemutter. Der Trailer ist spartanisch eingerichtet: billige Spannteppiche, wenige Möbel. Fotos von Kindern und Eltern hängen an den dünnen Pressholzwänden. Lynn empfängt uns herzlich, bietet Kaffee an und freut sich über die Neuigkeiten. Leider müssen wir schon bald aufbrechen, da es unterdessen tiefe Nacht geworden ist.

Plötzlich flattert ein Vogel knapp an der Windschutzscheibe vorbei, wenig später rennt ein Kojote über die Straße. Bob zitiert eine indianische Weisheit, an die ich mich viele Jahre später unter tragischen Umständen wieder erinnern werde: »Betrachte den Kojoten als ein Wesen, das gute Nachrichten bringt, bring ihm also Respekt entgegen. Man lernt, auf die Natur zu hören, wenn man, wie wir, auf sie angewiesen ist. Nur so kann der Mensch überleben, und wir lernen, die Zeichen zu verstehen.«

Die Kinder sind eingeschlafen. Zu Hause angekommen, tragen wir sie in ihre Betten. Obwohl es bereits spät ist, will Bob noch zu Ethel und Birgil, um ihnen die freudige Nachricht unserer Heirat zu überbringen. So sitze ich zu Beginn meiner Hochzeitsnacht auf der zerschlissenen Couch im Erdhaus und schreibe Tagebuch. Meine Familie und meine Freundinnen fehlen mir. Ich möchte mein Glück mit ihnen teilen und wünsche mir wie nie zuvor ein Telefon.

82

Als wir am nächsten Abend bei Dean Two Eagle ankommen, brennt neben der großen Pappel bereits ein Feuer für die Inipi, die Schwitzhütte. Die Kinder sind vom Spielen müde, essen ein paar Sandwiches, dann lege ich ihre Schlafsäcke im VW-Bus aus. Alles ist friedlich, bis eins der Kinder plötzlich zu rebellieren beginnt und mich beschimpft. Wie immer stimmen die anderen solidarisch mit ein. Auch heute beschließen sie ohne ersichtlichen Grund, dass ich der Feind bin und man mich loswerden muss. Sie schließen sich im Wagen ein, rufen mir Schimpfwörter zu. Laut genug, dass ich es hören kann, Bob aber nicht, er ist in der Schwitzhütte.

Wie immer bin ich in solchen Situationen ratlos. Worte helfen nicht, meine Beschwichtigungsversuche und Bemühungen sind vergeblich. Zu viert toben sie durch den Bus, reißen auseinander, was herumliegt, und werfen ihre Schlafsäcke durch die Luft. Ich setze mich unter den großen Baum und hoffe, dass sie meine Tränen nicht sehen. Irgendwann schlafen sie ein. Ich warte – unter dem Baum sitzend – auf Bobs Rückkehr. Wir legen unsere Schlafsäcke neben das Auto und schlafen unter dem freien Himmel.

Um vier Uhr in der Früh, es ist noch stockdunkel, stehen wir auf und bereiten alles für die Suppe vor, die, noch bevor die Sonne aufgeht, in einem riesigen Topf auf dem Feuer brodelt. Ein heller Schimmer über dem Horizont kündet den neuen Tag an, als Birgil und Inge eintreffen. Sie überreichen mir ein weißes T-Shirt mit einer aufgedruckten indianischen Zeichnung. Mein Hochzeitsgeschenk. Ich ziehe es sofort an.

Kurz darauf beginnt die eigentliche Vermählungszeremonie: Bob und ich stehen nebeneinander vor der Öffnung der Schwitzhütte. Dean legt uns die gewobene Decke um die Schultern, die John Around Him am Vorabend zusammen mit

den beiden Federn vorbeigebracht hat. Wir halten die Adlerfedern in der Hand. Bob die große braune Feder und ich die
zarte weiße, flaumige. Dean reicht uns die Cannunpa. Während der Medizinmann singt, zündet er getrockneten Salbei an.
Sein würziger Rauch soll uns reinigen und segnen. Mit dem
duftenden Salbei in der Hand sendet Dean seine Gebete in die
Richtung, die dem Schwarz zugeordnet ist, dort leben Donner-
wesen und die Kraft des Westens.

Dann wenden wir uns, Dean folgend, gegen Norden, der
uns den reinigenden, kalten Wind sendet, und singend schickt
Dean sein Gebet in diese Himmelsrichtung. Als wir unser
Gesicht dem Osten zuwenden, taucht die wärmende Sonne
langsam über dem Horizont auf. Die Strahlen durchdringen
das dichte Blätterwerk der großen Pappel. Der Medizinmann
wendet sich gegen Süden, zu den Verstorbenen, dann dem
Himmel zu, und schließlich neigt er sich zur Erde, zu der Mutter alles Lebendigen, die uns Nahrung und das Leben gibt.

Die Lakota beten zu einem Gott, einem Schöpfer – Wakan
Tanka oder Tunkasila – dem großen Heiligen. Aber sie kennen viele Kräfte. Die Kräfte der vier Himmelsrichtungen, die
der Lüfte und die der Erde. Alle sechs Richtungen werden
geehrt, und ich lausche Deans schöner Stimme.

Die Kinder sind inzwischen aufgewacht, sie sitzen ruhig im
Gras neben Deans Frau und seinen Kindern und schauen zu.
Nach der Zeremonie beglückwünschen uns alle, dann schöpfen wir von der köstlichen Suppe und nehmen – am Boden sitzend – unser zweites Hochzeitsmahl ein. Zu Hause nähe ich
die beiden Adlerfedern auf die Decke und hänge sie im Wohnzimmer über der Couch auf. Sie soll uns täglich an unser
Gelübde erinnern, an die Verbindung, die wir mit der Cannunpa eingegangen sind.

84

Im Reservat

*Wann immer wir von heiligen Dingen sprechen, bereiten
wir uns selbst durch die Opferung vor ... Einer stopft
die Pfeife und reicht sie dem nächsten, der sie anzündet
und sie dem Himmel und der Erde anbietet ... Erst dann
sind wir bereit zu sprechen.*
Mato Kuwapi Chased By Bears, Santee-Yanktonai

Bob arbeitet an unserem Erdhaus: Unter anderem baut er mir
einen Kleiderschrank. Auch dafür verwendet er ungehobelte
Bretter. Endlich kann ich meine Sachen verstauen, die bis
anhin in meiner Reisetasche lagerten. Ich bin gerührt von seinen Aktivitäten. Er unternimmt alles, um mir mein neues
Zuhause so angenehm wie möglich zu gestalten. Meinerseits
ergatterte ich im Ausverkauf bunte Stoffreste und nähe daraus
neue Überzüge für die zerschlissenen Polstermöbel.

Da es im Erdhaus sehr dunkel ist, darf jedes Kind die dunkle,
grobe Holzwand hinter dem Bett in seiner Lieblingsfarbe an-
streichen. Bob und ich dekorieren unser Reich mit selbstkleben-
dem Papier, was ebenfalls für ein wenig Wohnlichkeit sorgt. Ein-

fache Dinge, die in der Schweiz vielleicht in ein paar Stunden erledigt sind, dauern hier tagelang. Alle Materialien müssen im entfernten Rapid City beschafft werden. Dort kaufen wir auch die Lebensmittel ein. Die wichtigsten Produkte wie Milch, Brot und Kartoffeln sind in Kyle in einem kleinen Laden erhältlich, aber in Rapid City sind sie wesentlich billiger. Die Schecks aus den sozialen Programmen treffen jeweils am vierten oder fünften Tag des Monats auf der Post ein, und am folgenden Samstag fahren alle in die Stadt.

Es ist jetzt Ende August. Zwei Wochen vor Schulbeginn versucht jede Familie Geld für neue Kleider aufzutreiben. Bobs Kinder tragen immer dieselben alten Sachen: kurz, verfärbt, zum Teil zerrissen. Aber jetzt fahren auch wir in den Supermarkt, wo wir neue T-Shirts, Hosen und Socken für jeden kaufen, so weit das Geld eben reicht. Zum Einschreiben müssen alle Kinder mit ihren Eltern in der Sporthalle der Little-Wound-Schule erscheinen.

Jede größere Gemeinde im Reservat hat eine Schule. Die Little-Wound-Schule in Kyle ist mit rund 600 Schülern eine der größten im Reservat. Sie ist eine sogenannte Contract-Schule. Lakota-Kultur und Lakota-Sprache belegen in diesen Vertragsschulen nur wenige Stunden pro Woche, und auch sonst lässt das Schulsystem – meiner Meinung nach – zu wünschen übrig. Bei rund einem Drittel der indianischen Bevölkerung handelt es sich um schulpflichtige Kinder, aber leider verlässt jedes zweite die Schule vorzeitig.

Es gibt sehr gute Lehrer wie John Around Him: Er unterrichtet Lakota-Sprache, und so wie er sind auch andere ernsthaft am Schulbetrieb interessiert. Bei wieder anderen scheint die Motivation kleiner zu sein: Bob muss zu einem Elterngespräch und nimmt mich mit, so bekomme ich einen ersten Einblick. Robins Lehrer hat die Füße auf den Tisch gelegt, als wir eintreten, und seine Jacke liegt am Boden. Aber auch Grundsätzliches funktioniert nicht. Die meisten Lehrer sind überfordert und resignieren irgendwann. Weder gelingt es ihnen, die Kinder zu motivieren noch ein gewisses Maß an Disziplin durchzusetzen. Die Schüler und Schülerinnen schwänzen die Schule manchmal tagelang und werden deswegen oft von der Schule gewiesen. Auch kommt es fast täglich zu Schlägereien. Die nicht selten eingeschaltete Polizei bringt die Kinder schnurstracks ins Gefängnis, wo die Eltern sie nach einem Tag abholen können.

Mit ein Grund für diese Situation ist sicher auch, dass alle schulischen Einrichtungen auf dem amerikanischen Schulsystem basieren, also von städtischen Verhältnissen ausgehen und die Kultur im Reservat zu wenig einbeziehen. Die Behörden und Schulvorstände diskutieren so viel über Schulkonzepte und neue Programme, dass das Kind vergessen geht. Probleme gibt es zudem für Kinder, die aus Familien kommen, in denen Lakota gesprochen wird: Sie machen immerhin dreißig Prozent aller Schüler aus. Mit Englisch bekunden sie anfänglich Mühe und werden deswegen oft in Sonderklassen gesteckt.

Andere – wie Logan – gelten als überdurchschnittlich intelligent – und werden in Klassen für Hochbegabte eingeteilt. Ich habe meine Zweifel, ob solche spezifischen Lernprogramme auf die Dauer förderlich sind. Bei Logan, Bobs Zweitältestem, führt dieser Status zu wachsender Arroganz. Jessy lässt sich von seiner zur Schau getragenen Brillanz nicht beeindrucken. Aber Robin und Constance fühlen sich sowieso unsicher in der Schule, und das Verhalten ihres Bruders hebt ihr Selbstbewusstsein ganz und gar nicht.

Am ersten Schultag nach den großen Ferien sind die Kinder mürrisch und unansprechbar. Die ersten Tage stehe ich früh auf, damit ich sie wecken und ihnen das Frühstück zubereiten kann. Mein Versuch, sie in den frühen Morgenstunden zu bemuttern, stößt allerdings auf deutliche Ablehnung. Nachdem Bob meine gut gemeinten Anstrengungen ein paar Tage lang mitleidig verfolgt hat, meint er schließlich: »Isabel, lass sie am Morgen alleine machen. Sie sind es so gewohnt, und zu essen erhalten sie in der Schule.«

Ich bin froh und erleichtert, dass die Kinder von nun an ein paar Stunden pro Tag aus dem Haus sind. Sie fordern mich sehr, und ich habe noch nicht herausgefunden, wie ich mit ihnen umgehen kann. Es gibt Tage, an denen sie beschließen, mich zu ignorieren und als Feind zu betrachten, und solche, an denen wir gemeinsam etwas unternehmen, lachen und wie eine normale Familie leben.

Oft beschleicht mich das Gefühl, ihnen nicht gewachsen zu sein. Wenn Bob nicht da ist, nutzen sie seine Abwesenheit aus und stellen ihre eigenen Regeln auf. Ich dränge mich ihnen nicht auf, gehe den alltäglichen Tätigkeiten nach: Kochen, Waschen, Spielen, Reden. Das Schwierigste ist, dass ihre Stimmung plötzlich und abrupt kippen kann. Sei es, dass ein Streit unter den Kindern ausbricht oder eines von ihnen schlecht gelaunt ist, der Verlauf ist immer derselbe. Ich kann darauf eingehen oder die Provokation ignorieren. Unter dem Strich ändert sich nichts. Natürlich gibt es auch schöne Momente, in denen sie mich spüren lassen, dass sie mich gernhaben. Ich rede oft mit Bob darüber, und er weiß keinen anderen Rat, als dass wohl alles seine Zeit brauche. Bob ist ein Teil von mir, und seine Nähe gibt mir Vertrauen und Zuversicht. Er ist mein Schicksal, und gemeinsam werden wir alles schaffen und durchstehen.

Visionssuche

Wessen Stimme ertönte als Erstes in diesem Land?
Die Stimme des roten Volkes, das nichts als Bogen
und Pfeile besaß.
Mahpiya Luta Red Cloud, Oglala-Sioux

Es ist September, und die Tage sind noch immer heiß, aber es ist nicht mehr diese trockene, unerträgliche Hitze, die das Leben im Hochsommer erschwert. Bob lässt ein Telefon installieren. Endlich habe ich eine Verbindung mit der Schweiz. Eine Leitung war zwar bereits vorhanden, aber nachdem Bob seine Arbeit durch den Unfall verloren hatte, konnte er das Telefon nicht länger bezahlen. Ich versichere ihm, dass ich die Rechnung übernehmen würde, was er allerdings ablehnt, obwohl er weiß, dass er nicht in der Lage sein wird, sie zu begleichen. Es reicht jeden Monat für das Allernötigste.

Für mich ist das eine ungewohnte Situation und ich merke bald, dass Bob mit seinen 450 Dollar kaum über die Runden kommt, und versuche, so gut es geht, auszuhelfen. In der Zwischenzeit habe ich in Rapid City ein Bankkonto eingerichtet. Meine Mutter überwies mir Geld aus meinen Ersparnissen. Doch ich muss darauf achten, dass ich Bob nicht verletze, er hat seinen Stolz. Manchmal kaufe ich einfach kommentarlos einige Lebensmittel ein. Ich lerne hier, dass die Menschen füreinander sorgen und dass dies ihr Reichtum ist.

Bob bereitet sich auf seine Vision-Quest vor. Wie viele Lakota geht er vier Jahre hintereinander auf die Visionssuche, auch Hanbleceya genannt. Er wird von einem Medizinmann auf einen Hügel begleitet und dort allein gelassen. Vier Tage ohne Wasser und Essen, nur mit einer Decke als Schutz gegen die Hitze des Tages und die Kälte der Nacht.

Es ist eine Zeit des Betens und Fastens. Viele der Zeremonien, wie die Visionssuche und der Sonnentanz, fordern die Menschen auf, zu verzichten und zu opfern. Es ist eine sehr persönliche Zeit der Isolation, der Zwiesprache zwischen dem Betenden und Tunkasila. Die Zeit auf dem Hügel ist hart, aber von Hunger und Durst darf sich der Suchende nicht quälen lassen. Er soll sich auf Wakan Tanka – das große Heilige – besinnen.

Am Tag, als Bob auf Hanbleceya geht, muss ich zu Hause bleiben, obwohl ich ihn gerne bis zum Medizinmann begleitet hätte. Eine Frau darf während der Menstruation an keiner Zeremonie teilnehmen, und es ist ihr dann auch nicht erlaubt, das Essen für eine Zeremonie oder für einen Medizinmann zuzubereiten. »Ich bin in meiner Mondzeit«, heißt es dann. Mir wird erklärt, dass eine Frau in ihrer Mondzeit starke Kräfte entwickle, die das Geschehen beeinflussen könnten. Diese Dinge muss ich akzeptieren, ob ich sie verstehe oder nicht. Bob nimmt die Decke, seine Cannunpa und den kleinen Tabaks-

beutel und macht sich frühmorgens auf den Weg. Die Tabaksbeutelchen sind aus kleinen Stoffquadraten gebundene Säck-
chen. Aneinandergereiht an einer Schnur festgeknüpft, enthalten sie Gebete, die für die Spirits bestimmt sind.

Ich beschließe, mit den Kindern im White River baden zu
gehen, und packe gerade ein paar Sachen in eine Tasche, als
Constance es sich plötzlich anders überlegt. Sie sitzt jetzt mit
verschränkten Armen auf dem Stuhl und verkündet: »Ich
komme nicht mit.« Meine Überredungskünste schlagen fehl.
Ich weiß, dass die anderen drei unbedingt schwimmen gehen
wollen und sehr sauer sein werden, wenn ich den Ausflug
abblase. Andererseits will ich Constance auch nicht allein zu-
rücklassen. Eine schwierige Situation bahnt sich an. Ich versuche, die Wartenden zu beschwichtigen und Constance zu
überreden. Ohne Erfolg. Ich will ihre Hand ergreifen, worauf
sie sich an der alten Kommode festklammert. Ich versuche sie
zu packen und hinauszutragen, gebe aber schnell auf. Eine
Gewaltaktion soll es nicht werden.

Inzwischen sind Robin und Logan so wütend und enttäuscht, dass sie ihre Schwester beschimpfen. In dieser Situation muss ich wiederum Constance in Schutz nehmen. Jessy
stellt sich bald auf die Seite der Brüder. Plötzlich wird von
außen die Haustür zugeknallt, dann höre ich ein verdächtiges
Knirschen. Meine Befürchtung bestätigt sich, als ich die Tür
von innen öffnen will. Sie haben uns eingesperrt. Logans und
Robins Gesichter tauchen draußen am Fenster auf: Sie schneiden Grimassen und rufen uns zu, man sehe sich gegen Abend
wieder. Ich lasse mich auf den Sessel fallen, entmutigt, traurig,
enttäuscht. Constance heult vor sich hin. Ich bin ratlos und
kann meine Tränen auch nicht zurückhalten. Soll es so weitergehen? Ich habe Bobs letzten Satz in den Ohren, bevor er sich

auf den Weg gemacht hat: »Während der Visionssuche soll sich die Familie nicht streiten und keinen Alkohol trinken, sonst hat derjenige auf Hanbleceya eine noch härtere Zeit.«

Am nächsten Tag fahren wir ins Kino nach Rapid City. Und die restliche Zeit bis Bobs Rückkehr verläuft friedlich. Manchmal rede ich mit ihm über diese Vorfälle, allerdings nicht immer, weil ich mich nicht jedes Mal beklagen will, wenn er wieder da ist. Ich bin mir sicher, dass die Kinder ihr Verhalten nicht steuern können. Sie sind von ihrer Mutter verlassen worden. Dieses Trauma hat seine Auswirkungen. Es scheint, dass sie gute Situationen immer wieder zerstören müssen, wie wenn sie nicht glauben könnten, dass man einander vertrauen kann.

An einem Wochenende backe ich mit den Kindern Kekse. Es klopft an der Tür, und eine Frau mit unsicherem Lächeln betritt das Zimmer. Bob dreht sich für eine sehr knappe Begrüßung zu ihr um und schenkt ihr keine weitere Beachtung. Die Frau setzt sich aufs Sofa. Sie ist etwas kleiner als ich und trägt ihr dunkles Haar schulterlang, auf der Nase sitzt eine schwere Brille. Trotz ihres dunklen Teints sieht sie ungesund aus. Mir ist sie weder sympathisch noch unsympathisch. Die Kinder beschäftigen sich mit dem Teig in der Küche und nehmen keine Notiz von ihr.

Ich finde es seltsam, dass diese Frau allein auf dem Sofa sitzt und niemand sich um sie kümmert. Nach einer Weile ruft sie: »Constance, lass mich dein Haar machen.« Constance setzt sich zu ihr, und die Frau bürstet ihr Haar, dabei versucht sie ein Gespräch anzuknüpfen. Constance gibt zwar Antwort, gesellt sich aber bald wieder zu uns an den Herd. Nach etwa einer halben Stunde geht die Frau wieder. Am Abend sagt Bob: »Das war Jane, die Mutter der Kinder. Sie kam nur, um dich zu begutachten.« Ich bin platt.

Von Jane hören und sehen wir lange nichts mehr. Irgendwann erzählt uns jemand, dass sie wieder mit einem Mann zusammenlebe und nochmals vier Kinder zur Welt gebracht habe.

Mitte September reise ich kurz in die Schweiz. Ich muss meine Angelegenheiten und die Papiere regeln. In Zürich gelandet, fühle ich mich, als käme ich von einem anderen Planeten: welche Hektik. In den folgenden Tagen muss ich mich überall abmelden, unglaublich, an wie vielen Orten man als Bürger registriert ist. Ich verlege meinen Wohnsitz offiziell nach Kyle in Süd-Dakota, in das Pine-Ridge-Indianer-Reservat. Ich kaufe Schokolade für die Kinder, finde sogar ein Haarshampoo auf natürlicher Basis, das ich gegen die – aus der Schule eingeschleppten – Kopfläuse einsetzen will, und kaufe gleich zwölf Flaschen davon.

Ich versuche, die kurze Zeit zu nutzen, um meine Freunde und die Familie zu sehen. Einige sind über die Wende in meinem Leben begeistert, andere äußern Bedenken, was den Altersunterschied zu Bob und die finanzielle Situation betrifft. Der Abschied fällt mir nicht leicht. Aber ich zweifle keine Sekunde daran, dass ich nach Kyle zurückwill. 32 Jahre habe ich ohne Bob gelebt, nun möchte ich jeden Augenblick bei ihm sein.

Bei meiner Rückkehr nach Kyle sind die Kinder verändert. Sie bemühen sich, lieb und fürsorglich zu sein. Zumindest in den ersten Tagen. Ich glaube, sie haben mich vermisst. Logan sagt, er habe eine Überraschung für mich, aber ich bekäme sie erst später: Seine Augen funkeln vor Freude. Ich bin den ganzen Tag gespannt. Er wartet einen Moment ab, in dem wir allein sind, kommt zu mir, legt seinen Arm um mich und sagt: »I love you.« Ich umarme ihn und sage ihm, mit Tränen in den Augen, dass ich ihn auch liebe. Dann verschwindet er schnell wieder.

Alle vier sind die ersten Wochen ruhig, friedlich, sensibel. Am deutlichsten verändert hat sich Robin. Die letzten Monate war er aggressiv und renitent, einmal beobachtete ich ihn dabei, wie er ein Küchenmesser unter seiner Bettdecke versteckte. Jetzt kann er Zuneigung zeigen und sucht meine Nähe. Manchmal, wenn er mir beim Aufräumen hilft, merke ich, dass er das nicht tut, weil ihm die Ordnung besonders gefällt, sondern einfach, um mir eine Freude zu bereiten. Eines Tages kommt er zu mir und fragt mich, ob ich für seinen Lehrer eine Entschuldigung für eine Absenz schreiben könne, er würde mir sagen, was ich schreiben solle. Ich willige ein, und er diktiert: »Mein Sohn Robin war abwesend, weil er krank war.« Solche Episoden stimmen mich zuversichtlich, dass wir es schaffen werden, uns gegenseitig so zu akzeptieren, wie wir eben sind.

In vielerlei Hinsicht passe ich mich an, aber es gibt auch Dinge, die nicht verhandelbar sind. Früher hatten bei den Lakota die Frauen das Sagen, und auch heute sind sie die Respektsperson im Haus. Sie sind für alle Haus- und Familienangelegenheiten zuständig. Früher gehörte das Tipi mit sämtlichem Hausrat der Frau, der Mann besaß einzig sein Pferd und seine Waffen. Heute sind es die Frauen, die die Familie zusammenhalten. Oft sind sie es, die einen Job haben und das Geld nach Hause bringen. Und sie sind es, die den Mann aus dem Haus werfen, wenn es Probleme gibt oder wenn er fremdgeht.

Darauf besinne ich mich, wenn ich mich durchsetzen muss. Ich achte darauf, dass gesund gegessen wird, und beschränke den TV-Konsum auf ein erträgliches Maß. Der Fernseher bleibt für die meisten »Res«-Bewohner die einzige Verbindung mit der Außenwelt. Außer der indianischen »Lakota Times«

gibt es keine Informationsmöglichkeiten, und an Unterhaltungsangeboten fehlt es – abgesehen von Kili Radio – ebenfalls. Während draußen vielfältigste Fortschritte das Leben der Menschen bereichern und erleichtern, scheint hier die Zeit stillzustehen. Auch simplere technische Errungenschaften halten – wenn überhaupt – erst mit jahrzehntelanger Verspätung Einzug. Bob wäscht seine Wäsche beispielsweise in einer uralten Waschmaschine, die diesen Namen eigentlich nicht verdient, auch wenn das Resultat besser als erwartet ist. Nachdem man der Trommel mit einem Schlauch Wasser zugeführt hat, bewegt ein einziger Propeller die Kleidungsstücke hin und her. Mit dem immer gleichen Wasser werden mehrere Durchgänge erledigt – selbstverständlich landen die am stärksten verschmutzten Teile zuletzt in der immer trüber gewordenen Brühe. Anschließend werden die nassen Stücke durch eine Walze gedreht und zum Trocknen aufgehängt. Das ganze Prozedere dauert jede Woche einen ganzen Tag, auch wenn die Kinder mithelfen.

Über allzu viel Fortschrittlichkeit lässt sich auch im Bereich des Umweltschutzes nicht klagen. Er existiert hier kaum. Eine öffentliche Abfallentsorgung fehlt, was an Müll anfällt, wird auf einer riesigen Halde an der Südstraße neben Kyle entsorgt, darunter auch Motoren, altes Öl, Chemikalien und ganze Kühlschränke. Ab und zu wird die ganze Deponie abgefackelt, und wenn das Gelände mit nicht brennbaren Materialien überfüllt ist, wird es kurzerhand mit Erde zugeschüttet. Bob löst das Problem, indem er unseren Abfall in ein altes rostiges Blechfass neben dem Erdhaus wirft und den Inhalt einmal pro Woche anzündet. Wir müssen jedes Mal aufpassen, dass wir eine windfreie Stunde erwischen, sonst kann ein Präriebrand entfacht werden.

Einmal bringt Logan den Abfall nach dem Abendessen nach draußen und zündet ihn in der Tonne an. Ein plötzlicher Windstoß wirbelt Funken auf. Der ausgetrocknete Boden reagiert sofort mit einer Stichflamme. Zufällig gucke ich in diesem Moment aus dem Fenster: »Es brennt!«, schreie ich und fülle einen Eimer mit Wasser. Bob reagiert blitzschnell, er reißt die Decke von der Couch, ruft Robin zu, er solle den alten Schlauch am Wasserhahn anschrauben. Bereits stehen zehn Quadratmeter in Flammen, und das Feuer rennt mit dem Wind rasend schnell über die trockene Grasfläche. Die Flammen greifen schon nach dem Präriegras auf dem Dach des Erdhauses. Das bisschen Wasser aus dem Eimer ist wirkungslos. Während Robin das Feuer mit Wasser aus dem Schlauch zu löschen versucht, schlagen wir andern nun mit Decken auf die Flammen ein und können das Feuer auf dem Hausdach und Richtung Kyle aufhalten. Dafür breiten sich die Flammen Richtung Prärie explosionsartig aus.

Es ist hoffnungslos. Bob ruft Logan zu, er solle die Notrufnummer 911 anrufen. Endlich kommt die Feuerwehr. Die Feuerwehr von Kyle besteht aus einem ganz gewöhnlichen Pick-up, auf welchem ein großer Wassertank steht. Die Männer sehen sofort, dass sie Hilfe benötigen, und alarmieren die Wasserlöscher aus den Nachbargemeinden. Nach und nach kommen noch ein paar Feuerwehr-Pick-ups angefahren. Es dauert Stunden, bis sie den Brand unter Kontrolle haben.

Über das Abfallproblem zerbrechen sich die offiziellen Stellen den Kopf. Mittlerweile gibt es eine neue Halde mit drei riesigen Containern, die regelmäßig geleert werden: Der Abfall wird in den Badlands vergraben.

Auch das Erbe aus den Umweltverbrechen der Vergangenheit ist immer wieder Thema. Bobs Onkel erlebte als Kind eine unglaubliche Geschichte am eigenen Leib, wie er mir eines Abends bei einem Besuch erzählt: Seine Familie und viele andere mussten innert weniger Tage Land und Farmhaus nahe der Badlands verlassen, als die Regierung in Washington während des Zweiten Weltkriegs beschloss, einen Teil der »Res« als Übungsgelände zu nutzen. Ein großes Gebiet des Pine-Ridge-Reservats wurde von der US-Airforce in Beschlag genommen, und bald testete man mit Uran angereicherte Bomben. Als die Familie, bepackt mit ihren wenigen Habseligkeiten, eben aus dem Haus war und an der Pferdekoppel vorbeilief, flogen bereits die ersten Militärflugzeuge über die Prärie.

Die Artillerie nutzte das Land noch bis 1968 als Übungsgelände. Die Räumungsarbeiten wurden bis heute nicht abgeschlossen. Noch immer verseuchen Uranspuren Boden und Wasser in den Badlands. Diese stammen sicher auch aus der unterdessen stillgelegten Uranmine in den Black Hills. In der »Res« sind viele Menschen an Krebs erkrankt, trotzdem gibt es aber noch immer keine offizielle Untersuchung, ob ihre Erkrankung mit dem Uran in Verbindung steht.

Winterzeit

Die Erde erben wir nicht von unseren Vorfahren,
wir leihen sie von unseren Kindern aus.
Tasunke Witko Crazy Horse, Oglala-Lakota

Das Wetter ist extremen Wechseln unterworfen. Die Sonne
kann von einem wolkenlosen Himmel strahlen. Zwanzig Minuten später entlädt sich ein heftiges Gewitter über dem Land
und verwandelt die trockene, sandige Prärieerde in ein endlos
scheinendes Schlammmeer. Weil unser Hausdach undicht ist,
stellen wir dann einen Eimer unter das größte Leck. Da der
Winter näher rückt, verbringt Bob Tage damit, Holz zu sammeln und in kleine Stücke zu sägen. Es ist mein erster Winter
im Reservat.

Im Dezember wird es klirrend kalt, das Thermometer fällt
nachts unter minus vierzig Grad, dazu kommt die sogenannte
Windkälte, eisige Schneestürme, die über das Land fegen. Ab

sechs Uhr abends können wir die beiden Schiebefenster nicht mehr öffnen, sie sind zugefroren. Am Morgen ist auch die Innenseite der Fenster von einer Eiskruste bedeckt. Mehr als einmal werden wir eingeschneit. Die meisten Kinder tragen hier im Winter dieselben Kleider wie im Sommer, T-Shirts, eine Jacke, Turnschuhe. Ich stricke Jessy einen Wollpullover mit Herzchen, der ihr ganzer Stolz wird. Den Größeren kaufen wir warme Jacken und Jeans. Ich selbst kann auf meine Wintergarderobe aus der Schweiz zurückgreifen.

Die Armen, die Alten und jene Frauen, die kein Holz einholen können, erhalten im Gemeindehaus kostenlos Brennholz, solange der Vorrat reicht. Viele der neueren Häuser oder Trailer heizen mit Propangas. Eines Morgens alarmiert mich ein penetranter Geruch. Ich trete vor das Haus und sehe, dass aus Monas Trailer dunkler dicker Rauch quillt. Ich klopfe bei ihr an und frage, wieso es so entsetzlich stinke. Sie zeigt auf ihre Feuerstelle: »Ich habe kein Brennholz und kein Geld. Deshalb heize ich mit alten Kleidern ein.« Die meisten Kleider sind synthetisch, und so erfüllt beißender Gestank den kleinen Raum. Später bringt ihr Bob Holz vorbei.

Noch bevor es Frühling wird, zieht Mona weg. Sie sagt, dass sie bei Verwandten im Standing-Rock-Reservat – dem Reservat der Hunkpapa-Lakota nördlich des Pine-Ridge-Reservats – unterkommen könne. Auch daran werde ich mich gewöhnen müssen: Lieb gewordene Menschen ziehen weg oder sterben viel zu früh. Ich sehe Mona nie wieder. Sechzehn Jahre später erzählt mir Constance, dass Monas Sohn Dave knapp 22-jährig bei einer Messerstecherei umgekommen ist.

Wie der Schnee, so gehört seit einigen Jahren auch der Big-Foot-Ritt zum Winter. Dies zur Erinnerung an die tragischen Ereignisse des Jahres 1890, die die kalte Jahreszeit seit Gene-

rationen prägen. Damals verbreitete sich unter den überlebenden Indianern – die hungernd und geschwächt von den jahrzehntelangen Kämpfen und Verfolgungen, in den Reservaten
lebten – die sogenannte Geistertanzbewegung.

Die aus dem Südwesten kommende Bewegung prophezeite
den verzweifelten Überlebenden, dass sie durch das Tanzen
mit den Ghost-Shirts (Geisterhemden) den Kugeln des weißen
Mannes unverwundbar gegenüberstünden und auch die Büffelherden und die Verstorbenen zurückkehren würden.

Die US-Regierung verhängte daraufhin ein Verbot über alle
indianischen religiösen Handlungen und Zeremonien, das fast
hundert Jahre aufrechterhalten wurde. Sie befürchtete, dass
die »Ghost Dance«-Bewegung einen neuen Aufstand auslösen
könnte, und sandte Militärtruppen nach Dakota.

Beim Versuch, Sitting Bull (Tatanka Iyotake) – er lebte zu
dieser Zeit im Standing-Rock-Reservat in Nord-Dakota – zu
verhaften, wurde er, der legendärste aller Häuptlinge und
Medizinmänner, erschossen.

Viele Hunkpapa-Lakota aus seiner Gruppe flohen daraufhin zu Häuptling Big Foot und seinen Minneconjou-Lakota,
die sich auf dem Weg nach Pine Ridge befanden: Es waren vor
allem Witwen und Kinder. Sie hatten am Wounded Knee
Creek ein Camp aufgeschlagen, als sie von der siebten Kavallerie umzingelt wurden. Die Gruppe ergab sich – die weiße
Fahne schwenkend – widerstandslos. Trotzdem starben in der
bitterkalten Morgendämmerung des 29. Dezember 1890 über
300 Lakota im Kugelhagel. Wegen eines Schneesturms, der
daraufhin über das mit Blut durchtränkte Land fegte, blieben
die Toten und Sterbenden liegen. Drei Tage später wurden sie
von der Armee in einem Massengrab verscharrt.

Heute noch wird Wounded Knee in den meisten amerikanischen Geschichtsbüchern – wenn es überhaupt erwähnt wird – als Schlacht bezeichnet, aus der die Kavallerie siegreich hervorgegangen sei. In Wirklichkeit war es ein weiteres Massaker an den amerikanischen Ureinwohnern gewesen.

Seit 1986 reitet eine Gruppe Lakota diese Strecke, die Häuptling Big Foot mit seinen Leuten damals zurückgelegt hatte, jeden Winter ab: von Bridger im Cheyenne-River-Reservat im Norden von Süd-Dakota bis Wounded Knee im Süden. Sie übernachten an denselben Orten wie ihre Vorfahren. In eisiger Kälte nehmen sie große Strapazen auf sich, um ihrer zu gedenken. Einige Reiter sind direkte Nachfahren der Getöteten.

Dieses Jahr reiten siebzig Lakota durch Kyle, an ihrer Spitze Birgil, er ist auch der Initiator des Anlasses. Bereits 1968 wurde ihm in einem Traum nahegelegt, diesen Gedenkritt einzuführen. Dieser Traum wiederholte sich über Jahre hinweg immer wieder und ließ ihm keine Ruhe, bis er den ersten Big-Foot-Ritt organisierte.

Die Silhouette der Reiterkolonne zieht über die Prärie, wird immer kleiner und verschwindet schließlich am Horizont in der Abenddämmerung. Am 29. Dezember erreichen sie Wounded Knee im Süden des Pine-Ridge-Reservates, wo eine Zeremonie stattfindet. Es wird nicht nur um die Toten getrauert, sondern auch um den Umstand, dass sich die indianischen Völker endgültig einer fremden Macht unterwerfen mussten.

Mit Wounded Knee war der letzte Widerstand gebrochen. Die jahrzehntelangen kriegerischen Auseinandersetzungen, die Massaker und die eingeschleppten Krankheiten rafften einen Großteil der Menschen dahin. Der Wille der Überlebenden – die nicht nur ihre Familien, sondern auch ihre Lebensgrundlage verloren hatten – war gebrochen. Im Blick zurück erinnern sich die Lakota aber auch an die Kraft und Weisheit ihrer Kultur, die ihr wertvollstes Gut war und noch immer ist. Mir wird bewusst, dass diese Ereignisse nicht in weit entfernter Vergangenheit liegen: 1890 waren meine Urgroßmütter junge Frauen und gebaren ihre Kinder, meine Großmütter. 1890 lebten also Menschen, die ich noch gekannt habe. Jedes Volk braucht seine Geschichte. Sie ist – im Guten wie im Schlechten – das Gedächtnis der Nation. Zur traurigen Vergangenheit der amerikanischen Urbevölkerung gehören das Massaker am Wounded Knee, das Sand-Creek-Massaker, die fatalen Folgen der Entdeckung von Gold in den Paha Sapa, der Trail of Tears und andere Tragödien.

Diese Ereignisse prägen die Seelen noch heute. Man will nicht vergessen, und so wird um die getöteten Großeltern und Urgroßeltern, um ihr gestohlenes Leben und die Auswirkungen der Vertreibung und Verfolgung bis in die Neuzeit getrauert. Meine Gedanken sind in diesen Nächten bei den Reitern, die draußen in eisiger Kälte übernachten, und beim Massaker von Wounded Knee.

1973 hatten Mitglieder des AIM (American Indian Movement) für 71 Tage Wounded Knee besetzt, um auf die schlimmen Zustände im Reservat aufmerksam zu machen. Die US-Regierung sandte Militärtruppen, FBI und Polizei, und es kam zu einem Feuergefecht. Ein Indianer wurde getötet, und es gab viele Verletzte. Diese Besetzung hatte die Lakota wieder in die Medien gebracht und die Öffentlichkeit darauf aufmerksam gemacht, dass es die Ureinwohner Amerikas noch gibt. Viel hatte sich dadurch allerdings nicht geändert, außer dass in den kommenden Jahren viele Indianer, die mit der Besetzung in Verbindung standen, in Gefängnisse gesteckt wurden oder unter mysteriösen Umständen starben.

Der Winter ist lang und einsam. Im Erdhaus ist es dank einem kleinen Holzofen zumindest im hinteren Raum immer warm. Im vorderen Zimmer kriecht die Kälte durch die Ritzen und bildet Eiskrusten. Jeder Winter fordert Todesopfer. Das Gefährlichste sind die Schneestürme, die sogenannten Blizzards. Sie kommen schnell und unerwartet. Innerhalb von wenigen Minuten fegen sie über die Ebene, die Sicht wird auf eine Armlänge reduziert. Es traut sich kaum jemand auf die Straße. Wer jetzt unterwegs eine Panne hat, kann lange warten, bis das nächste Auto auftaucht. An das oberste Gebot für eine Fahrt im Winter erinnert mich Bob bei jeder Gelegenheit: »Fahr nie mit weniger als der halben Tankfüllung los, und vergiss nie, eine Decke und ein Feuerzeug im Auto zu deponieren.«

Wenn die heftigen Schneestürme über das Land toben, sind die Schulen, die wenigen Geschäfte und sogar die Post geschlossen. Niemand verlässt das Haus ohne zwingenden Grund. So lange, bis die Natur sich ausgetobt hat. Auch das Sozialleben reduziert sich in der kalten Jahreszeit auf ein Minimum. Vereinzelt finden Pow-Wows in den Sporthallen der Schulen statt, eine willkommene Gelegenheit, um Bekannte zu treffen. Oder es gibt ein Basketballturnier an der High School.

Sonst bleiben die Menschen in ihren Häusern, Hütten und Trailern. Manche langweilen sich, viele trinken. Andere nähen Tausende von farbigen Glasperlen auf selbst genähte Gewänder, die sie im Sommer an den Pow-Wows tragen werden. Auch ich schneidere Constance und Jessy ihre allerersten Pow-Wow-Kleider. Jessy wählt einen schwarzen Stoff, dazu einen türkisfarbenen Schal mit langen Fransen. Constance will ein blaues Kleid mit rotem Schal. Erst wenn man den Winter hier durchhält, weiß man, wie das Leben im Reservat ist: Monate ohne Ablenkung.

Die Armut ist ein Teufelskreis: Es gibt keine normalen Wirtschaftsabläufe. Geld, das in die Reservate hereinkommt, sei es durch Sozialprogramme, durch Gehälter oder durch ein paar sommerliche Touristen, verlässt das Land sofort wieder: Es wird gezwungenermaßen in den Nachbarstädten ausgegeben. Man sagt, für eine gute Ökonomie müsse der Dollar fünfmal die Hand wechseln, bevor er das Reservat verlässt. Hier wechselt er höchstens einmal die Hand.

Es sind die kleinen und die großen Ungerechtigkeiten im Reservat, die mich immer wieder erstaunen und oft genug wütend und traurig machen: Eines Abends klingelt das Telefon. Wir haben gerade gegessen. Nachdem Bob aufgelegt hat, blicke ich ihn fragend an. »Wer war das?« Bevor er den Hörer wieder aufnimmt und Birgils Nummer wählt, antwortet er: »Dean Two Eagle steht vor Gericht. Eine weiße Frau beschuldigt ihn, sie in der Schwitzhütte vergewaltigt zu haben.« Mir bleibt die Luft weg. Es muss sich um einen Irrtum handeln, um ein Missverständnis. Dean, der unsere indianische Hochzeitszeremonie geleitet hat, gilt als hoch angesehener und unbescholtener Mann.

Die Gerichtsverhandlung soll bereits am nächsten Tag stattfinden. Am Morgen fahren wir früh durch die Badlands, über den Red Shirt Table nach Hot Springs. Wir sitzen in der vorderen Reihe des Gerichtssaals. Als Dean hereinkommt und uns erblickt, hellt sich sein Blick für einen kurzen Moment auf. Sein Anwalt soll sich bereits mehrmals für angeklagte Indianer eingesetzt haben. Aber seine Eitelkeit, die sich in Frisur und Kleidung zeigt, und die hellen kalten Augen machen mich misstrauisch.

Die Klägerin sitzt mit hochgezogenen Beinen auf dem Stuhl und hat die Arme um die Knie geschlungen. In dieser embryonalen Kauerstellung verharrt sie während der ganzen Prozessdauer. Den Großteil ihres bisherigen Lebens verbrachte die junge Frau in psychiatrischen Kliniken. Sie muss permanent Medikamente zu sich nehmen. Vor einigen Jahren beschuldigte sie bereits ihren Vater und anschließend ihren Bruder der Vergewaltigung. Dean streitet die Anklage in jedem Punkt ab und besteht auf seiner Unschuld. Die junge Frau habe um eine Schwitzhütten-Zeremonie gebeten, und er habe diese korrekt durchgeführt.

Die Verhandlung zieht sich über eine Woche hin. Ein durch das Gericht veranlasstes medizinisches Gutachten entlastet Dean: Aufgrund seines hohen Alters, seiner physischen Schwäche und seiner asketischen Lebensweise sei er mit größter Wahrscheinlichkeit zu keiner Erektion mehr fähig. Obwohl Dean diesen »Befund« bestimmt nicht gerne hört, bin ich davon überzeugt, dass er sich zu seinen Gunsten auswirken wird. Die Aussage einer psychisch schwer angeschlagenen weißen Frau steht gegen diejenige eines roten Mannes.

Doch das Unfassbare geschieht, Dean wird schuldig gesprochen und muss ins Gefängnis. Ich werde seinen Gesichtsausdruck nie vergessen, als er die Worte des Richters vernimmt. In den folgenden Monaten und Jahren erhalten wir viele Briefe aus dem Gefängnis in Sioux Fall, Süd-Dakota, wo er in Haft sitzt. Dean genießt unter den Mitgefangenen große Achtung und Respekt und kann regelmäßig Schwitzhütten-Zeremonien durchführen. Er wird nach sechs Jahren wegen guter Führung vorzeitig entlassen.

Schwangerschaft

Die Sioux glauben, dass ein Kind das größte Geschenk von Wakan Tanka ist.
Robert Higheagle, Teton-Sioux

Es ist Mitte März, und im Traum flüstert mir eine Stimme zu, ich müsse mich nicht beeilen, ein Pferd zu suchen, da ich für längere Zeit nicht reiten könne. Ich weiß sofort, was das heißt. Ich bin nun seit neun Monaten im Reservat und muss noch einmal in die Schweiz zurück, um die letzten Behördengänge zu erledigen. In der Schweiz kauft meine Schwester Christina einen Schwangerschaftstest, und nachdem wir ihn gewissenhaft durchgeführt haben, mache ich einen Luftsprung.

Sofort rufe ich Bob an, um ihm die freudige Nachricht mitzuteilen. Wir hatten uns dieses Kind so sehr gewünscht. Er ist außer sich vor Freude, muss mir aber sogleich versprechen, es noch niemandem zu erzählen. Zurück im Reservat, wissen nicht nur die Kinder, dass ich schwanger bin. Halb Kyle ist informiert. Bob ist sehr stolz, und selten habe ich ihn so glücklich gesehen. Ich stricke für das Baby kleine Mützen, Strampelanzüge und winzige Pullover. Die Kinder lauschen, die Ohren an meinem Bauch, welch ulkige Geräusche ihr Geschwisterchen von sich gibt. Die Schwangerschaft erfüllt uns mit Hoffnung und Optimismus.

Ein Ereignis aus der Zeit meiner ersten Schwangerschaft wird mir für immer in Erinnerung bleiben: Wenn jemand krank ist, ein Problem oder ein wichtiges Anliegen hat, fragt man einen Medizinmann an, ob er eine Zeremonie durchführen könne. Unser Erdhaus eignet sich besonders gut für diese Anlässe, weil es einfach zu verdunkeln ist, daher wird es auch von anderen Menschen benutzt. Um die erste Zeremonie, die ich nun hier erlebe, hat eine Lakota-Familie gebeten. Bad Wound, ein angesehener Medizinmann und Bekannter von John Around Him, leitet die Zeremonie. Es sind einige Vorbereitungen zu treffen. Kein Lichtstrahl darf ins Hausinnere gelangen, kein elektrisches Gerät im Raum stehen, und auf das Tragen von Metall soll verzichtet werden.

Nachdem die Teilnehmer in der Inipi gebetet haben, kommt die ganze Familie ins Haus. Sie bringen das Essen mit: einen riesigen Topf Fleischsuppe und frittiertes Brot. John Around Him, sein Sohn Milton und Old Horse bereiten den Altar vor, legen die Cannunpa, Adlerfedern, Trommel, Rassel, Salbei und Sweetgrass auf den Boden. Es ist jetzt stockdunkel. Bald dröhnt der dumpfe Rhythmus der Trommel durch die Dunkelheit, und der helle Lakota-Gesang hebt an.

In der Zeremonie werden die Spirits gerufen, die man um Rat und Hilfe anfragt. Ich sitze in der Dunkelheit, höre auf die Gesänge und kämpfe gegen meine schwangerschaftsbedingte

Übelkeit an. Es ist wieder einmal so schlimm, dass ich mich hinlegen möchte. Selbst der Duft von glimmendem Salbei und Sweetgrass, der durch das Zimmer zieht und den ich so liebe, ist mir jetzt unangenehm.

Einem Glühwürmchen ähnlich, fliegt plötzlich ein leuchtender Punkt durch das Zimmer. Er verharrt hier und dort, um seinen Weg im Rhythmus des Trommelschlages fortzusetzen. Gleichzeitig vernehme ich das Geräusch der Rassel: einmal direkt neben meinem Ohr, dann wieder in einer anderen Ecke des Zimmers, oben, unten, überall. Ab und zu höre ich ein dumpfes Aufstampfen auf dem Holzboden, wie wenn jemand tanzen würde. Rundherum ist pechschwarze Nacht, es ist, als säße ich im All, umgeben von tanzenden Spirits.

Plötzlich weht ein starker Luftzug durch das Zimmer, der von einem Rauschen begleitet wird: wie wenn ein riesiger Vogel hereingeflogen wäre. Der Luftzug eines Flügelschlages streift mein Gesicht, dann höre ich ein Flattern, als würde das Tier seine Schwingen schütteln, bevor es sie auf dem Rücken zusammenfaltet. Ich erschaudere und vergesse beinahe zu atmen. Ich weiß, dass ich mir nichts einbilde, denn ich bin hellwach und nüchtern. Die Spirits haben sich gemeldet.

Nach einer Ewigkeit berührt mich etwas. Es fühlt sich an wie eine große Feder oder ein Flügel, der im Rhythmus der Trommel auf meinen Arm schlägt. Das Tätscheln bewegt sich über die Schulter, den Kopf und wandert zum anderen Arm. Ich drücke meine Augen fest zu, obwohl ich in der Dunkelheit sowieso nichts sehen kann. Es sind dieselben Berührungen, wie sie die Sonnentänzer während der Heilungszeremonie ausgeführt hatten, als sie uns mit den Salbeibüscheln und den Federn segneten.

Irgendwann ruft eine männliche Stimme »Mitakuye oyasin« – »Wir sind alle verwandt« –, und jemand zündet das Licht an. Ich schaue mich in der Runde um: Jessy hat sich im Kreis der Anwesenden auf dem Boden zusammengerollt und ist eingeschlafen, Constance liegt neben ihr. Bad Wound zündet die Cannunpa an und reicht sie nach links weiter, damit sie im Uhrzeigersinn die Runde macht. Die Zeremonie ist beendet. Und ich stelle mit größter Freude fest: Die Übelkeit ist weg.

In den kommenden Monaten träumen wir von unserem neuen Zuhause: Bobs Land liegt auf einer Anhöhe am Rande der Badlands. Es müssten tiefe Bohrungen vorgenommen werden, um an das Grundwasser zu gelangen. Wir suchen daher ein anderes Grundstück. Wir hatten von einem alten Deutschen gehört, der oben am Ende des American Horse Creek lebt und einen Teil seines Landes im Reservat verkaufen will. An einem kalten Morgen fahren wir zu Mister Braun. Er bewohnt ein altes Farmhaus. Im Vorhof hängen unzählige tote Biber an einem aufgespannten Seil.

Die Tür des Hauses öffnet sich, und eine mürrische Ehefrau winkt uns herein. Nach einer kurzen Begrüßung blickt der alte Mann Bob misstrauisch an und fragt in forschem Tonfall: »Stadnick? Wo hast du diesen Namen her?« Bob erklärt kurz und bündig, dass sein Vater polnische Vorfahren hatte und seine Mutter eine Lakota war, dann kommt er auf unser eigentliches Anliegen zu sprechen. Am liebsten hätte ich dieses unheimliche Haus gleich wieder verlassen. Außer dem Knarren des Holzbodens und dem rhythmischen Quietschen des Schaukelstuhls, in dem der Alte wippt, ist nichts zu hören. Mister Braun mustert uns von oben bis unten. Unvermittelt stellt er die nächste Frage: »Sitzt ihr in der Kirche auch in der vordersten Reihe?«

Bob antwortet nicht, und auch mir fehlen die Worte. Wir gehen überhaupt nicht in die Kirche, aus dem einfachen Grund, weil wir in der Schwitzhütte, zu Hause oder unterwegs beten. Beten kann man schließlich überall. Bob und der eigenartige Mister Braun werden trotzdem erstaunlich schnell handelseinig. Als Stammesmitglied kann Bob das Land »in trust« geben, das heißt, die Stammesregierung verwaltet das Land, und die hohen Steuern werden so hinfällig.

Somit sind wir einem neuen, etwas komfortableren – und vor allem helleren, luftigeren – Zuhause ein großes Stück näher gerückt. Obwohl: Ursprünglich sahen die indianischen Völker Land nie als Privatbesitz an. Aber 1887 setzte die US-Regierung das Landaufteilungsgesetz in Kraft (Dawes Act). Es teilt das Reservatsland, welches bis dahin gemeinsames Stammesland war, in Quadrate von rund 65 Hektaren auf und teilte jeder Familie eine solche Parzelle zu. Was übrig blieb, verkaufte die US-Regierung billig an weiße Siedler. Mit dieser Zersplitterung verloren die Indianer siebzig Prozent ihres Gebietes. 1889 wurde das große Sioux-Reservat in Süd-Dakota in neun kleine Reservate aufgeteilt, was für das kulturelle, gesellschaftliche und politische Stammessystem einen schweren Verlust bedeutete.

Aus dem Landaufteilungsgesetz folgte, dass viele Familien irgendwo im Reservat ein Stückchen Land besitzen, oft wissen sie nicht einmal, wo. Die Indianer sollten zu Landbesitzern erzogen werden, ein Besitz, der ihr Leben allerdings nicht verbesserte, sondern ein zusätzliches Armutsrisiko darstellte. Wer Boden besitzt, muss Steuern bezahlen, außer man gibt ihn dem Stamm in Verwaltung. Stirbt ein Eigentümer, wird das Land unter den Nachkommen aufgeteilt, andere verkaufen es – meist aus Existenznot – an Weiße. Bis 1932 gingen so 37 Millionen Hektar Reservatsland verloren. Heute können Weiße im Reservat kein Land mehr kaufen.

Bereits verweilt die Frühlingssonne am Abend etwas geduldiger über dem Horizont. Zaghaft sprießen die ersten grünen Halme in der Prärie. Bob möchte ein Haus in der Form eines Tipis bauen, was theoretisch möglich wäre, aber wir müssen diesen Plan wieder aufgeben, weil Holzstangen in dieser Länge und Stärke zwar erhältlich, aber sehr teuer wären.

In den Wintermonaten hat Bob Pläne für ein anderes Haus gezeichnet. In ruhigen Minuten träume ich von diesem neuen Daheim, das weit weg von Kyle idyllisch am American-Horse-Bach liegt und allen Kindern genügend Platz bieten wird. Ein paar Männer werden Bob bei der praktischen Ausführung zur Hand gehen, ansonsten will er alles allein machen, auch die elektrischen Arbeiten, die Heizung und die Wasserleitungen. In den folgenden Monaten steht er jeden Morgen um fünf Uhr auf und arbeitet bis spät in die Nacht hinein.

Wenn alles gut geht, könnte ich in fünf Jahren den amerikanischen Pass beantragen. Ich weiß aber jetzt schon, dass ich das nicht tun werde, denn die Einzigen, die das Recht hätten, eine Einwanderungspolitik zu definieren, sind die Ureinwohner Amerikas: Das ist meine Meinung zu diesem Thema. Deswegen will ich den US-Pass nicht. Die Green Card hingegen brauche ich dringend, wenn ich hier leben und arbeiten will. Irgendetwas werden wir uns einfallen lassen müssen, um finanziell längerfristig über die Runden zu kommen.

Zwischen dem Haus und dem Bach lege ich noch vor dem ersten Spatenstich für unser neues Haus einen kleinen Gemüsegarten an. Die Samen pflanze ich nach den Angaben des Mondkalenders. An gärtnerischer Erfahrung fehlt es mir zwar, aber Inge erweist sich als geduldige Beraterin. Bob baut einen

Zaun um mein Gärtchen, um das Wild, die Waschbären, Fasane und all die vielen Hasen fernzuhalten. Sogar die Kinder sind fasziniert und helfen freiwillig mit: Sie graben die Erde um, säen und wässern den Boden. Stolz beobachten wir, wie die ersten grünen Blättchen sprießen, und bald können wir das erste Mal ernten.

In den Sommermonaten bringt der Garten genügend Salat und Gemüse für den täglichen Bedarf auf den Tisch, Karotten, Gurken und Bohnen. Viele Familien, die außerhalb der Siedlungen leben, greifen ebenfalls auf diese Art von Selbstversorgung zurück und ziehen Kürbisse, Kartoffeln, Mais und Melonen. Viele Lakota graben im Juni und Juli zudem die traditionelle, wild wachsende Kartoffelsorte Timpsila aus dem trockenen Prärieboden. Wilde Büsche, die jeden Bach säumen, liefern in der heißen Jahreszeit köstliche Beeren für Kuchen und Wojapi, wie die Lakota-Frauen ihren Beeren-Pudding nennen, und für Wasna, ein zerstampftes Gemisch aus gedörrten Beeren und getrocknetem Büffelfleisch.

Im April und Mai fällt meist viel Regen, was für den Garten eine Wohltat ist. Trotz unserer Pumpe ist die Wasserversorgung im Reservat problematisch. Der Wasserspiegel sinkt stetig infolge des immensen Konsums der Großfarmer außerhalb des Reservats. Zudem gibt es im Grundwasser Spuren von Uran. Wir machen eine Probe, die allerdings unauffällige Resultate zeigt. Die Regierung verfolgt zwar ein großes Projekt, um Wasser aus dem Missouri in das Reservat zu leiten, aber es wird wohl noch einige Jahre dauern, bis es so weit ist.

Es sind Welten, die das weiße und das rote Amerika voneinander trennen.

Die Natur entfaltet hier eine elementare Kraft, der sich die Menschen unterordnen und anpassen müssen.

Die Siedlung Kyle ist die zweitgrößte Ortschaft im Reservat.

Es ist nicht nur das Land der Prärie, der Zeremonien und Pow-Wows.
Es ist auch das Land der Unterdrückung und der Resignation.

In den Sechziger- und Siebzigerjahren des 19. Jahrhunderts wurden auf den Plains und in der Prärie rund vierzig Millionen Büffel von Weißen getötet.

Am Big-Foot-Ritt wird nicht nur um die Toten getrauert, sondern auch um den Umstand, dass sich die indianischen Völker endgültig einer fremden Macht unterwerfen mussten. (Foto: Caroline Stadnick)

Bob

Rechte Seite: Bobs Kinder

Constance, geb. 1981

Jessy, geb. 1983

Robin, geb. 1978

Logan, geb. 1979

Die Erde zu verlassen, in der Bob begraben ist, war die schwierigste Entscheidung meines Lebens. Wir kehren immer wieder an sein Grab zurück. (Foto: Marc Gieriet)

Seit dem Sommer 2008 lebe ich zusammen mit meinen drei Kindern wieder im Pine-Ridge-Reservat. Wir sind in das Land der Lakota heimgekehrt.

Meine Töchter Caroline und Celestine und ihre Freundinnen Alex und Vonna (v. l. n. r.) bereiten sich auf das Pow-Wow 2009 am Oglala Lakota College vor.

Das Tanzfest folgt genauen Regeln. Am Schluss werden die talentiertesten Tänzer jeder Kategorie ausgezeichnet.

Für mein Ohr ist der Trommelklang die schönste Musik überhaupt.
Der Rhythmus des Lebens pocht in dumpfen Schlägen.

Das Kleid von Celestine ist mit zu Kegeln geformten Blechdosendeckeln bestickt, die bei jedem Schritt hundertfach rasselnde Geräusche auslösen (Jingle-Tanz).

Vorübergehend war der Kindergarten geschlossen. Das Gebäude musste dringend renoviert werden, aber es fehlte an Geld.

Viele Spielsachen werden dem Kindergarten geschenkt. Sie sollen aus Holz, Horn oder Stein gearbeitet sein.

Das wertvollste Gut der Lakota – ihre Kultur und ihre Sprache – soll dank der Lakota-Stiftung auch den zukünftigen Generationen erhalten bleiben.

Als ich in die Schweiz zurückging, wusste ich mit Gewissheit:
Eines Tages werde ich ins Reservat heimkehren.

American Horse Creek

*Wenn ein Mann etwas verliert und zurückgeht und sich
sorgsam umsieht, dann wird er es finden, und dies tun
die Indianer jetzt, indem sie euch bitten, ihnen die
Dinge zu geben, die ihnen in der Vergangenheit verspro-
chen wurden; und ich meine, sie sollten deshalb nicht
wie Tiere behandelt werden. Ich glaube, mein Land hat
einen schlechten Ruf bekommen, und ich möchte, dass
es einen guten Ruf hat, es hatte früher einen guten Ruf,
und manchmal frage ich mich, wem es seinen schlechten
Ruf verdankt.*
Tatanka Iyotake Sitting Bull, Hunkpapa-Lakota

1990: Ich bin nun ein Jahr hier. Der Sommer vergeht mit den
Bauarbeiten. Am Mittag fahre ich meistens zum American
Horse Creek und bringe den Männern den Lunch. Dann spa-
ziere ich dort in der Nähe unseres neuen Heims, mit runder
werdendem Bauch, über die Prärie, meist mit einem Stock in
der Hand, um die Klapperschlangen zu vertreiben. Manchmal
steige ich auf einen Aussichtspunkt, der unweit hinter unserem neuen Haus liegt: Es ist ein fünf Meter hoher Fels. Steht
man auf seinem Plateau, genießt man freie Sicht auf alle Seiten der Prärie.

Von hier aus ist der Verlauf des American Horse Creek gut
zu beobachten. Er schlängelt sich durch das Land, wird rechts

und links von Büschen und einigen Bäumen gesäumt. Parallel zum Fluss verläuft die Erdstraße in Richtung Kyle. Jeder Wagen, der über diese Straße brummt, zieht eine Staubwolke hinter sich her, die sich nur langsam auflöst. Das nächste Haus liegt etwa einen Kilometer entfernt, mit einem Plumpsklo im Freien und ein paar Autowracks, die den Kindern als Spielplatz dienen. Die Mutter der Kleinen ist Alkoholikerin. Die Großeltern sorgen für ihre Enkel und Enkelinnen. Alle leben in großer Armut, ohne fließendes Wasser und ohne Strom.

Mit einem der Mädchen, der vierjährigen Anne, freunden sich Constance und Jessy später an. Sie ist oft bei uns, ein liebes, aufgewecktes Kind. Dreizehn Jahre später wird sie im Jugendgefängnis von Denver tot in ihrer Zelle aufgefunden werden, mit einem Schnürsenkel erhängt. Es sollte wie Selbstmord aussehen, aber die Autopsie brachte die Wahrheit ans Licht. Das Teenagermädchen war vergewaltigt und erwürgt worden. Der Fall wird außergerichtlich geregelt und beigelegt.

Die zweite Tochter der Hamiltons stirbt ebenfalls jung, bei einem Autounfall. Von diesen schrecklichen Ereignissen weiß ich zum Glück noch nichts, als ich auf meinem Aussichtsturm sitze und die Hamilton-Kinder vor der Hütte herumtoben sehe. Ich träume von unserem neuen Zuhause. Und manchmal sehe ich mich und Bob als Großeltern, wie wir zusammen alt werden und unsere Enkel und Enkelinnen in dieser friedlichen Umgebung aufwachsen.

Die Realität ist etwas weniger idyllisch: Der Familienalltag zehrt alle meine Kräfte auf. Ich bin im siebten Monat und bräuchte Unterstützung. Zwar kann ich mit Bob über alles reden, und auch bei Uneinigkeit finden wir immer eine Lösung. Drehen sich meine Probleme aber um die Kinder, ist es anders. Dass in seiner Familie nicht immer alles so abläuft, wie er es sich wünscht, scheint sein Weltbild ins Wanken zu bringen.

So hole ich manchmal bei Freundinnen Rat. Oft besuche ich Linda Around Him. Sie lebt traditionell. Man sieht sie fast nie außer Haus, selbst wenn sie und John einkaufen gehen, wartet sie meistens im Auto. Nebst den beiden Töchtern haben sie noch zwei Söhne, Milton und John-John. Linda wirkt so zerbrechlich und fremd in dieser Welt. Aber wenn sie mich sieht, leuchten ihre großen, dunklen Augen. Jetzt ist sie erneut schwanger, mit dem fünften Kind, und wirkt noch zarter als sonst. Ich mache mir Sorgen und frage mich, wie sie die Geburt schaffen wird.

Linda empfiehlt mir gegen meine Schwangerschaftsübelkeit Pfefferminztee. Arvella, eine andere Freundin, berät mich in Familienangelegenheiten. Ihr Mann Richard Moves Camp ist ein Medizinmann und gehört zu denjenigen, die einen Job haben. Daneben besucht er das College, um sich als Sozialhelfer ausbilden zu lassen. Bei Arvella und Richard hat jedes Kind eine Aufgabe im Haus: das Bad putzen, kochen, die Küche fegen. Überall müssen sie mithelfen. Und Widerrede wird nicht geduldet, ebenso wenig wie laute Streitigkeiten. Einmal tröstet mich Arvella lachend und hält sich dabei die Hände vor den Mund, weil es große Zahnlücken zu verdecken gilt: »Du hättest deinen Mann sehen sollen, als du in der Schweiz warst«, kichert sie, »er war ein Schatten seiner selbst. Ich glaube, er hatte Angst, dass du nie wieder zurückkommst.«

Ihr nennt es wild

Ihr nennt es wild, aber es war nicht wild, es war frei.
Tiere sind nicht wild, sie sind nur frei. So waren wir.
Ihr nanntet uns wild, ihr nanntet uns Wilde. Aber
wir waren nur frei. Wären wir Wilde gewesen, hätte
Columbus diese Insel nie lebend verlassen.
Leon Shenandoah von der Irokesen-Konföderation

In diesem Sommer fliegt die ganze Familie zum ersten Mal gemeinsam in die Schweiz. Die Kinder finden sofort und überall Kontakt. Für sie ist die Sprache kein Hindernis. Sie werden mit offenen Armen empfangen und bewegen sich in dieser für sie exotischen Außenwelt wie selbstverständlich. Sie genießen es offensichtlich, im Mittelpunkt zu stehen. Bob ist fasziniert von den Bergen und der Schweizer Landschaft, aber am liebsten beobachtet er – stundenlang – die Arbeiter auf den Baustellen. Zu meinem Erstaunen entwickeln sich alle vier Kinder zu großen Jodel-Fans, und Ländlermusik finden sie richtig toll.

Bob war schon öfters in Europa, aber wirklich wohl fühlt er sich hier nicht, wie mir scheint. Er vermisse die »Indian time«, sagt er, »Indian time« heißt so viel wie: alles zu seiner Zeit. Dazu gehört, dass es, wenn man sich verabredet, nicht auf die Pünktlichkeit ankommt. Im Gegenteil. Wichtiger ist, sich Zeit füreinander zu nehmen. Die Lakota nehmen sich diese – egal, wie beschäftigt sie sein mögen. Zusammensitzen, über Dinge reden, einander zuhören, Witze austauschen und darob die Zeit vergessen. Meine Eltern erzogen mich nach dem Motto: »Sitze nie untätig herum. Jede Minute soll sinnvoll genutzt werden«. Früh aufzustehen, gehört dazu, und wenn es nichts zu arbeiten gibt, soll man sich zumindest weiterbilden.

Mein Leben in der »Res« verläuft in jeder Hinsicht anders: Das wird mir bei meinem Blitzbesuch in der alten Heimat bewusst. Zudem: Für uns Europäer bedeutet Geld Sicherheit und Status. Die Indianer leben im Hier und Jetzt und sehen das Geld nur als Mittel zum Zweck. Nicht alle finden diese Haltung toll, und natürlich machen sich meine Eltern Sorgen um unsere finanzielle Lage.

Ich erhielt von meiner Großmutter eine kleine Erbschaft, und mit meiner Schwester und meiner Mutter rede ich über einen Verkauf unserer Wohnung im Engadin, da niemand von uns sie wirklich nutzt, ich schon gar nicht. Meine Familie ging stets sehr vorsichtig mit den Finanzen um. Über Generationen wurde gearbeitet, gespart, angelegt und verwaltet. Es wurde so geplant, dass für die Enkel auch noch etwas vorhanden wäre. Ich bin dankbar, dass sie so weitsichtig handelten. Sonst wäre diese Reise mit Bob und seinen Kindern nicht möglich geworden. Und vieles andere auch nicht.

Erzogen wurde ich im Denken meiner Eltern und Großeltern. Das Leben mit Bob verlangt nun eine komplette Umstellung. Ich bin von Grund auf ein großzügiger Mensch. Meinem Lebensgefühl liegt das Vertrauen zugrunde. Ich bin überzeugt, dass sich die Dinge oft von allein und richtig ergeben. Trotzdem sind die Bedenken meiner Eltern berechtigt, da eines Tages auch mein Scherflein aufgebraucht sein wird.

Bobs Antwort auf jegliche Art von Geldsorgen lautet: »Tunkasila hat gestern für uns gesorgt. Er sorgt heute für uns. Und er wird es auch morgen tun.« Ich bin skeptisch. Ich möchte selber für Lösungen sorgen und eigenverantwortlich handeln. Bob ist es gewohnt, ohne Geld zu leben. Deswegen verunsichert ihn unsere Situation auch nicht.

Seine Haltung entspricht der Lakota-Mentalität. Früher haben sie gejagt und dann gegessen. Vorräte mussten allenfalls für die Winterzeit angelegt werden. Geld existierte bei den Lakota bis vor knapp hundert Jahren nicht. Sie handelten mit anderen Stämmen, später tauschte man mit den ersten Trappern Gegenstände und Nahrungsmittel aus. Irgendwann tröstet mich Bob mit einer Idee zur längerfristigen Geldbeschaffung: Er werde auf dem Land am American Horse Creek Alpha-Weizen anbauen und große Strohballen bündeln, die er dann verkaufen könne.

Trotz der Vorfreude auf die indianische Heimat fällt es mir diesmal schwer, meine Freundinnen und meine Eltern zu verlassen, weil ich weiß, dass ich meine schwierige Familiensituation und die Geburt allein meistern muss. Wenn Europäer im Reservat zu Besuch sind, tauchen früher oder später kritische Bemerkungen auf. Fragen wie: »Wieso leben die Indianer so?«, oder die Feststellung: »Würden sie weniger trinken, könnten sie auch mehr arbeiten.«

Das Traumbild des stolzen und mit der Natur in Einklang lebenden Indianers – das jeder europäische Besucher mehr oder weniger verinnerlicht hat – wird bei einem Besuch unweigerlich zerstört. Die Zusammenhänge sind komplexer, und nicht alle wollen sie verstehen: Die große Mehrheit der weißen Amerikaner stuft die indianische Bevölkerung als minderwertig ein. Doch selbst wenn ein Lakota die Schulzeit beendet, weiß er nicht, wie er die College-Ausbildung finanzieren soll. Arbeitsplätze im Reservat sind rar. Aber auch jene, die außerhalb der »Res« einer Beschäftigung nachgehen und ein festes Einkommen haben, entkommen der Armut nicht unbedingt. Hat jemand einen guten Job, lebt meist die ganze Großfamilie von diesem einen Gehalt.

Chancenlosigkeit führt in die Lethargie, und auch der Alkoholmissbrauch ist eine Folge der Hoffnungslosigkeit. Männer und Frauen sind gleichermaßen betroffen: Oft leiden neugeborene Kinder am Fetal Alcohol Syndrome (FAS), das durch die alkoholkranken Mütter ausgelöst wird, das heißt, die Kinder leiden unter physischen und psychischen Störungen und haben später zum Beispiel Lern- und Konzentrationsschwierigkeiten. Fast alle Großeltern ziehen zusätzlich Enkelkinder auf, wenn die leiblichen Eltern für ihren Nachwuchs nicht sorgen können. Der Alkohol und seine deprimierenden Folgen sind im Reservat allgegenwärtig. Bob sagt: »Alkohol ist eine Art von Selbstzerstörung, und diese Selbstzerstörung ist Rebellion.«

Die meisten weißen Amerikaner – auch jene, die in unmittelbarer Nähe leben – meiden die Indianer-Reservate konsequent. Tausende von Mobilhomes, mit denen die einheimischen Touristen im Sommer durch die Badlands oder die Paha Sapa fahren, machen einen großen Bogen um die Reservate, obwohl die Straße durch dieses Gebiet eine Abkürzung wäre. Es kursieren wilde Gerüchte. Ein weißer Amerikaner warnte mich zum Beispiel einmal, in der Nacht lägen die Indianer sturzbetrunken und wild um sich schießend auf der Straße.

Mehr als einmal erlebte ich zudem, dass sympathische Konversationen ein jähes Ende nehmen, sobald ich Auskunft darüber gebe, wo ich lebe. Eines Tages lerne ich eine ältere Schweizerin kennen, die seit vierzig Jahren mit einem Amerikaner verheiratet ist und seit zwanzig Jahren in Rapid City lebt. Ihr Mann arbeitete auf der Militärbasis Elsworth bei Rapid City und ist pensioniert. Beide setzten noch nie in ihrem Leben einen Fuß auf das Lakota-Land. Sie versprechen, uns zu besuchen, und tun es tatsächlich auch. Sie sind positiv überrascht, nicht in den ersten drei Stunden ihres Aufenthaltes skalpiert zu werden.

Geburt und Umzug

Ich habe gehört, dass ihr die Absicht habt, uns in einem
Reservat nahe den Bergen anzusiedeln. Ich will nicht
siedeln. Ich streife lieber durch die Prärie. Dort fühle
ich mich frei und glücklich, doch wenn wir uns fest an
einem Ort niederlassen, werden wir blass und sterben.
Satanta, Kiowa

Eine Woche vor dem Geburtstermin können wir endlich
umziehen. Wir laden alles, was wir besitzen – Betten, Waschmaschine, Geschirr und Spielsachen –, auf unseren »Zweit-
wagen«, einen permanent reparaturbedürftigen Pick-up. Am
ersten Abend sitzen wir draußen vor der Küche auf der kleinen Holzveranda und blicken zufrieden auf einen Baum, der
einsam auf einer kleinen Anhöhe steht: Geschafft. Unser Heim
ist lichtdurchflutet, gemütlich und schön. Bob ist stolz auf sein
Werk, und auch seine Helfer kommen ab und zu mit ihren
Familien, um diesen zu zeigen, dass sie gute Häuser bauen
können.

Hier draußen hören wir keine Polizeisirenen mehr, dafür

heulen nachts die Kojoten unter dem Fenster, und in der Dunkelheit machen sich Waschbären geräuschvoll über meinen neuen Komposthaufen her. Jetzt fehlt nur noch unser Baby. Der 11. November 1990 ist der errechnete Geburtstermin. Eine Woche vor diesem Datum sehe ich im Traum ein Mädchen vor mir. Es blickt mich an und sagt: »Ich bin ein verzaubertes Mädchen.« Von nun an freue ich mich auf eine Tochter.

Mein Arzt rät, wir sollten uns bei den ersten Anzeichen sofort auf den Weg nach Rapid City machen, das sind immerhin eineinhalb Stunden Fahrt. Der Indian Health Service, der näher läge, steht nur den Indianern zur Verfügung.

Pünktlich wie eine Schweizer Uhr setzen am Abend des 11. Novembers die Wehen ein. Die letzten Monate studierten wir verschiedene Namensbücher. Bobs Antwort auf meine vielen Vorschläge war immer dieselbe: »Wenn das Baby kommt, bringt es seinen Namen mit.« Im Spital, zwischen zwei Wehen, sagt mein Mann plötzlich: »Wenn es ein Mädchen wird, heißt es Celestine.« Mir gefällt dieser Name auch, es ist der richtige. Wenige Stunden später ist unser kleines Zaubermädchen da. Ihr Köpfchen ist mit dichtem schwarzem Haar bedeckt, sie sieht wunderschön aus. Bob ist ebenso überwältigt und stolz wie ich. Ich schwebe auf einer Wolke des Glücks.

Ich bleibe einen Tag im Spital, dann fahren wir mit Celestine nach Hause. Robin, Logan, Constance und Jessy lieben ihre Schwester vom ersten Moment an. Sie wird von einem Arm zum nächsten gereicht. Robin sitzt ganz still und unbeweglich und betrachtet das winzige Wesen fasziniert. Bob geht als Erstes zum Mittagstisch ins Seniorenzentrum. Um die Geburt seiner jüngsten Tochter zu feiern, spendiert er ihnen den Nachtisch und Zigarren. Ken Rolling Thunder schenkt Celestine mit Glasperlen bestickte Mokassins, die seine Tochter genäht hat, sowie ein mit Glasperlen besticktes Täschlein in der Form einer Schildkröte. Darin soll – so will es die Tradition – das letzte Stück der Nabelschnur des Kindes aufbewahrt werden. Birgil und Ethel bringen einen Baby-Starquilt vorbei.

Wohin ich gehe, wird Celestine bewundert. Aber nicht nur, weil sie unsere Tochter ist. Alle Neugeborenen genießen diese große Aufmerksamkeit und Bewunderung. Bob erweist sich in der Babypflege als sehr geübt. Er strahlt jene Ruhe aus, die er aus seiner Erfahrung schöpft. Andererseits fällt er mir damit auch auf die Nerven. Es nimmt mir ein wenig die Einmaligkeit meiner ersten Geburt. Er weiß immer alles besser. Mit dem alten Kinderwagen meiner Schwägerin fahre ich Celestine täglich aus. Wir spazieren über die endlose Präriestraße. Labrador Ali – der Nachfolger von Henrietta, die eines Tages spurlos verschwunden ist –, den wir aus dem Tierheim in Rapid City geholt haben, begleitet uns.

Auch die vier großen Kinder, vor allem Robin, lieben es, Celestine zu umsorgen und auszuführen. Ich lasse sie gewähren und überlasse ihnen ihr Schwesterchen, sooft sie wollen. Ich hoffe, sie spüren mein Vertrauen und fühlen, dass es auch ihr Baby ist. Eines Tages – ich werde diesen Augenblick nie vergessen – sagt Robin: »Isabel: Ab heute wollen wir dich Mama nennen: Sonst lernt Celestine dieses Wort doch nie.«

Bob beginnt unser Land zu bearbeiten, aber um einen Traktor zu kaufen, fehlt das Geld. Angesichts der immer stärker werdenden Vermutung, dass wir hier kaum eine solide, zuverlässige Einkommensquelle finden werden, versuchen wir, meine Ersparnisse einzuteilen. Bob widerstrebt es, finanziell von mir abhängig zu sein. Er beschließt, sich mit Bill Loafer zusammenzutun.

Bill lebt in der Nähe. Er besitzt eine Rinderherde und eine kleine Baufirma und betreibt beide Geschäfte erfolgreich. Sobald es etwas wärmer wird, beginnen die beiden Männer auszusäen. Sie vereinbaren, dass sie mit Bills Maschinen die Feldarbeit verrichten und Bill dafür die Hälfte der Ernte erhält. Alpha-Weizen wird als Viehfutter verwendet und gehört zu den wenigen Getreidearten, die dem heißen trockenen Sommer und dem extremen Winter einigermaßen standhalten. Es wird kein Vertrag abgeschlossen. Die Männer reichen sich die Hand, und damit ist das Abkommen besiegelt.

Im Frühjahr, nachdem der Schnee geschmolzen ist und der Regen fällt, schwillt der American Horse Creek in kurzer Zeit zu einem reißenden Bach an. Die kleine Brücke ist nicht mehr zu sehen, braune Wasserfluten treten weit über die Ufer und reißen Äste und Erdmassen mit. Ich lerne bald, das Auto durch tiefsten Matsch und hohe Schneedünen zu steuern. Die Naturgewalten bestimmen hier den Tagesablauf.

Eines Tages – es ist Anfang Sommer – hocken riesige Heuschrecken auf meinen sorgsam gehegten Salatköpfen. Ich bin sofort alarmiert. Zu Recht: Bald schwirren Millionen von Tieren durch die Luft. Innerhalb weniger Tage ist die Ernte vernichtet, es stehen nur noch die nackten Halme auf dem Feld, und auch in meinem Garten ist nichts mehr übrig. Der folgende Sommer ist so trocken, dass Bob nur ein paar wenige Strohballen verkaufen kann.

Erst zwei Jahre später gibt es wieder eine richtige Ernte, und Bob findet einen weißen Rancher, der ihm den Weizen abkaufen will und unzählige Lastwagenladungen mit den prächtigen Ballen abschleppt. Bob ist stolz und erleichtert. Aber einige Monate später und nachdem wir immer noch keine Zahlung erhalten haben, kommt eine gerichtliche Mitteilung, wonach der Farmer bankrottgegangen ist und wir für unseren Weizen keinen Cent erhalten werden. Es bleibt uns nichts anderes übrig, als auf den nächsten Sommer zu hoffen.

Trotz meinem Baby fühle ich mich manchmal einsam. Mir fehlt mein eigenes Leben außerhalb der Familie. Bob arbeitet auf dem Feld. Die großen Kinder sind tagsüber in der Schule. Logan, der jetzt zwölf ist, weilt in der Schweiz. Seit der ersten Klasse galt er als außerordentlich intelligent. Aber auch im Spezialunterricht für Hochbegabte schien er unglücklich und unterfordert zu sein. Nach langen Diskussionen und gründlichem Abwägen beschlossen wir, ihn für ein Jahr zu meinen Eltern zu schicken. Er sollte neue Impulse und Eindrücke gewinnen.

Logan war begeistert von dieser Idee. Und wie mir meine Eltern berichten, lernt er die Sprache schnell und gewinnt mit seiner aufgeschlossenen Art schnell Freunde. Der Schulstoff fordert ihn allerdings, er ist es nicht gewohnt, Zeit in das Lernen oder die Hausaufgaben zu investieren. Nach einem Jahr kann er wählen, ob er heimkommen oder bleiben will, aber in der Schweiz müsste er das Schuljahr wiederholen. Dazu ist er nicht bereit. Also holen wir ihn wieder nach Hause. Auch weil wir ihn sehr vermissen. Die Frage, ob es für ihn nicht besser gewesen wäre, zu bleiben, werde ich mir in den folgenden Jahren noch oft stellen.

Ich beschließe, mir einen lang ersehnten Wunsch zu erfüllen, und melde mich im Oglala Lakota College (OLC) zu einem Lakota-Sprachkurs an. Nach wie vor ist es für die Lakota nicht einfach, das College zu besuchen. Die Kurse finden in verschiedenen Siedlungen statt. Das heißt, sie sind im ganzen Reservat verteilt, und die Studenten müssen ihnen nachreisen. Dazu ist ein Auto erforderlich oder eine Mitfahrgelegenheit, die bezahlt werden muss. Für Stammesmitglieder gibt es Stipendien, aber oft reicht das Geld nicht, um die Ausbildung zu finanzieren. Mir hingegen verhilft der Besuch der verschiedenen Schulklassen zu mehr Selbständigkeit, und ich erwerbe in zweierlei Hinsicht neues Selbstbewusstsein. Ich finde unabhängig von Bob neue Freunde, und gleichzeitig eröffnet mir die Sprache einen neuen Zugang zur Kultur der Lakota. Ich bin derart begeistert, dass ich bald auch eine Lakota-Kunst-Klasse besuche: So lerne ich, fachgerecht Glasperlen zu verarbeiten und Mokassins zu nähen.

Die Zukunft der Kinder

Lasst uns uns im Geiste verbinden und schauen,
welches Leben wir für unsere Kinder schaffen können.
Tatanka Iyotake Sitting Bull, Hunkpapa-Lakota

Im Frühjahr 1992 sind ein paar Jugendliche im Schulunterricht betrunken. Die Nachricht verbreitet sich schnell. Obwohl solche Vorfälle öfters vorkommen, ist diesmal die Reaktion anders. Die Angst um die Zukunft ihrer Söhne und Töchter belastet mittlerweile viele Eltern im Reservat. Auch Bob nimmt das Ereignis sehr ernst. Wir diskutieren, überlegen hin und her. Schließlich sagt Bob nachdenklich und mehr zu sich selbst: »Wenn man etwas nicht gut findet, muss man versuchen, es zu ändern.«

Am selben Nachmittag stehen wir bei John Haas im Büro. Der Vize-Präsident des Oglala Lakota College trägt die Haare im Nacken zusammengebunden. An einem Ohr hängt indianischer Schmuck. Offen und wach blickt er uns an. Bob erzählt John begeistert von der Idee, eine neue Schule zu gründen, eine Schule, die unabhängig von der Regierung und vom Büro für indianische Angelegenheiten funktionieren soll. Eine Schule, die die indianische Kultur stärker integriert, auf die Situation der Kinder hier im Reservat eingeht sowie fundierte Ausbildungen anbietet, die einfach zugänglich sind. John zeigt sich sehr interessiert, und wir verabreden uns für ein weiteres Treffen.

Die Hoffnung, etwas verändern zu können, ist da. Der Wille auch. In den folgenden Wochen und Monaten finden verschiedene Treffen statt, meistens bei uns zu Hause. Im Verlauf der Zeit vergrößert sich der Kreis der Sympathisanten. Auch John Around Him ist mit von der Partie sowie Emmet American Horse.

Emmets Urgroßvater war der berühmte American Horse, einer der letzten großen Häuptlinge. Nach ihm ist der Fluss American Horse benannt, und als ich Emmet frage, wie sein Urgroßvater zu seinem Namen kam, erzählt er: »Er schlich sich als junger Mann zu einem Fort, ich glaube, es war in Nebraska, und nahm die Pferde aus dem Soldaten-Camp mit. Das galt damals als mutig und ehrenhaft. Die Pferde trugen die Brandmarke ›US‹, und mein Urgroßvater wurde künftig Amerikanisches Pferd genannt.«

Emmet wurde 1939 als letztes von sieben Kindern in einem Zelt bei Kyle geboren. Wie die meisten Lakota verfügte die Familie in der frühen Reservatszeit über Pferde und bebaute ihr Land selbst. Sechs Jahre nach seiner Geburt zog die neunköpfige Familie nach Nebraska. Zu dieser Zeit waren viele weiße Söhne im Zweiten Weltkrieg, weshalb sein Vater Arbeit auf einer Farm fand. Später ging Emmet zur Air Force, und nachdem er einige Jahre gedient hatte, kehrte er nach Pine

Ridge zurück und arbeitete als Koordinator im Gemeindehaus von Kyle.

Ich frage Emmet: »Wenn du hier auf dem Reservat etwas ändern könntest, was wäre das?« Seine Antwort kommt ohne Zögern: »Wir bräuchten eine funktionierende Industrie, dann gäbe es Arbeit für die Menschen, und dann hätten wir weniger Alkoholprobleme.«

Durch John Haas kommt auch Saunie in unsere Runde. Sie stammt aus der Familie des legendären Häuptlings Red Cloud und wohnt in Pine Ridge. Sie ist ebenfalls Vize-Präsidentin des Oglala Lakota College. Alle, die zu unseren Treffen erscheinen, sind Eltern. Unser Antrieb ist die Sorge um die Zukunft unserer Kinder. Schnell steht fest, dass eine neue Schule in jeder Hinsicht autonom funktionieren müsste. Die Lakota-Kinder sollen ihrem Wertesystem, ihren Traditionen und ihrer Kultur entsprechend unterrichtet werden.

Der Grundstock jeder Kultur ist die Sprache. Wir sind uns einig, dass die Lakota-Sprache einen wichtigen Stellenwert haben soll. Eine unabhängige Schule bedeutet aber auch Verzicht auf Subventionen und finanzielle Unterstützung durch die Regierung. Ob wir das nötige Geld auftreiben werden, steht zu diesem Zeitpunkt in den Sternen.

Unsere Projektgruppe ist auf die Gegenwart und die Zukunft ausgerichtet, gleichzeitig erfahre ich während unserer Zusammenkünfte auch viel über die Vergangenheit. So wird eines Abends erzählt, dass die Kinder ab Ende des 19. Jahrhunderts bis Mitte des 20. Jahrhunderts – und oft gegen den Willen der Eltern – in katholische Internate gesteckt wurden. Kurz geschnittene Haare und das Tragen von Schuluniformen waren Pflicht, das Sprechen der eigenen Sprache war verboten, und oft wurden die Kinder misshandelt. Bis die Kinder als

129

junge Erwachsene aus der Schule entlassen wurden, sahen sie ihre Familien nicht wieder.

Saunie erzählt, dass ihre Mutter eine Narbe am Arm trug: Viele Eltern ritzten ihren Kindern ein winziges Erkennungszeichen in die Haut, damit sie ihre Söhne und Töchter Jahre später wiedererkennen würden. Diese wussten bei ihrer Rückkehr oft nicht mehr, wer ihre Familie war und was ihre Identität sein könnte. Man nennt diese Generation »the lost generation«. Auch Bob gehört zu dieser entwurzelten Generation.

John Haas kennt verschiedenste Schulsysteme und pädagogische Ansätze, unter anderem auch die Prinzipien der Waldorf-Schule, in der Schweiz als Rudolf-Steiner-Schule bekannt. Während einer Zusammenkunft stellt er deren Grundsätze vor. Ich selbst war Waldorf-Schülerin und erzähle von meinen Erfahrungen aus erster Hand. Die Frage lautet: Sollen wir etwas Neues erarbeiten oder ein bewährtes Schulmodell auf die Lakota-Schule übertragen und es den hiesigen Gegebenheiten anpassen?

Die Waldorf-Pädagogik weist Parallelen mit der Erziehung, wie sie die Lakota traditionell kennen, auf. Es wird ein ganzheitliches Weltbild gepflegt, und das Erzählen ist ein fester Bestandteil des Unterrichtsalltags. Mündliche Überlieferungen sind auch bei den Lakota seit Jahrhunderten fest verankert. Die Schrift als solche war ihnen lange Zeit unbekannt. Das Augenmerk der Waldorf-Pädagogik gilt aber auch den künstlerischen und sozialen Talenten, die entsprechend gefördert werden. Die Verbindung zur Natur genießt ebenfalls einen hohen Stellenwert.

Ich freue mich, aufgrund meiner Erfahrungen einige Impulse liefern zu können, und bin zuversichtlich, dass unserer Vision bald Taten folgen werden. Und tatsächlich reisen wir bereits im Sommer 1992 samt der zweijährigen Celestine in die Schweiz, während die anderen Kinder in Obhut einer Freundin im Reservat bleiben. Richard Moves Camp und Norman Under Baggage – beide gehören zu den Gründern unserer Initiative – sind mit von der Partie. Wir wollen den obersten Leiter der schweizerischen Waldorf-Schulen treffen, um ihn für eine mögliche Kooperation zu gewinnen.

Das Projekt

Mit einer Bildung bist du dem weißen Mann ebenbürtig,
und ohne diese Bildung bist du sein Opfer.
Plenty Coups, Apsaalooke/Crow

In der Schweiz erhalte ich einen Anruf von Fred, dem Mann
unserer ehemaligen Reiseleiterin Helen. Auf Umwegen haben
die beiden von unserem Projekt erfahren. Sie reagieren verär-
gert. Ich erkläre ihnen, wie sich die Gruppe mit verschiedenen
Lakota-Eltern gebildet hat. Helen und Fred sind der Meinung,
dass alle nichtindianische Kultur von den Lakota fernzuhalten
sei, eine Haltung, der ich noch oft begegnen werde. Ich finde:
Die Lakota können selbst entscheiden, woher sie sich neue
Impulse und Ideen nehmen wollen und was sie – für ihre Kinder und ihre Kultur – als richtig empfinden. Fred und Helen
wollen von meiner Argumentation nichts wissen.

Am zweiten Tag fahre ich mit Bob, Richard und Norman

nach Dornach. Der trutzige Bau des Goetheanums mit seinen abgerundeten Formen ist von weitem zu erkennen. Wir werden von Dr. Heinz Zimmermann, dem Vorsitzenden der Pädagogischen Sektion, begrüßt. Während meiner Schulzeit an der Basler Rudolf-Steiner-Schule war er einer meiner Lehrer gewesen. Es herrscht einige Minuten lang Schweigen. Richard sitzt mit gekreuzten Armen in sich ruhend da, Norman scheint ebenfalls abzuwarten.

Schließlich ergreift Bob das Wort und schildert die Situation in den Schulen der Reservate. Richard nimmt den Faden auf und stellt bald die eigentliche Kernfrage: »Wir möchten wissen, ob wir das Modell der Waldorf-Schule benutzen dürfen und gleichzeitig unsere eigene Kultur in der Schule vermitteln können.« Mein ehemaliger Lehrer antwortet spontan: »Natürlich. Und es wäre keine Waldorf-Schule, wenn sie nicht das kulturelle Erbe des jeweiligen Volkes beinhalten würde.« Mir fällt ein Stein vom Herzen. Der erste Schritt ist getan. Wir erhalten Adressen von Organisationen, die uns weiterhelfen können, vor allem was die Suche nach finanzieller Unterstützung betrifft.

Zurück in Kyle, gründen wir zu diesem Zweck eine Non-Profit-Organisation. Bob, Richard und John einigen sich auf den Namen »Wolakota«. Das Lakota-Wort bedeutet übersetzt »Friede« und »Freundschaft«. Die Waldorf-Pädagogik scheint als Basis für unsere Schule geeignet zu sein. Aber ob sie sich im Schulalltag bewähren wird oder ob sich daraus etwas ganz anderes entwickeln wird, muss sich erst zeigen.

Zu diesem Zeitpunkt bin ich erneut schwanger. Unser zweites Kind soll im Frühjahr 1993 zur Welt kommen. Viel Zeit, um mich um meine Schwangerschaft zu kümmern, habe ich nicht. Das Vorhaben, in der ärmsten Region Amerikas eine

Schule mit privater Trägerschaft zu gründen, erweist sich als große Herausforderung. Bald zeigt sich: Die Finanzierung ist die größte Hürde, die es zu nehmen gilt. Als mögliche Geldgeber kommen private Spender und Stiftungen in Frage. Ohne große Hoffnung schreiben wir verschiedene amerikanische Firmen an. Wie erwartet, ist das Interesse gering. Daher beschließen wir, eine Vortragsreihe in Europa zu organisieren und dort einen Kreis von Unterstützern und Gönnern aufzubauen.

Die Europäer zeigen verbindliches Interesse und Sympathie für die indianischen Völker. Wir wollen von den Problemen im Pine-Ridge-Reservat berichten und dabei genug Geld sammeln, um ein erstes kleines Gebäude zu errichten. Ich übernehme das Organisieren der Mittelbeschaffung. Im Februar fliegen Bob, Saunie und ich samt Celestine für die geplante Vortragsreihe in die Schweiz.

Saunie ist ideal für diese Arbeit, denn sie weiß viel über die sozialen und politischen Verhältnisse in den Reservaten und gilt als profunde Kennerin der indianischen Geschichte. Sie ist eine selbstbewusste und weltoffene Lakota-Frau, die an traditionellen Zeremonien teilnimmt und gleichzeitig zielstrebig ihre akademische Ausbildung verfolgt.

Saunie wird mir für lange Jahre eine gute Freundin sein. Als ich sie zum ersten Mal sehe, bin ich von ihrer äußeren Erscheinung beeindruckt: Sie hat feine Gesichtszüge und kluge Augen. Bob behandelt Saunie mit respektvoller Distanz. Irgendwann erfahre ich: Es sollen Mitglieder ihrer Familie gewesen sein, die Bobs Mutter vor vierzig Jahren erschossen haben. Aber nie erwähnt Bob die Vergangenheit. Er lebt für unsere Vision von einer besseren Zukunft für die Kinder und verdrängt zugunsten dieser wichtigen Aufgabe seine Gefühle.

Bob ist ein Macher, packt die Probleme beim Schopf und lässt sich durch Hindernisse weder aufhalten noch entmutigen.

Während er und Saunie in Deutschland und der Schweiz unterwegs sind, wohne ich mit Celestine bei meinen Eltern, schreibe und übersetze Artikel für unseren halbjährlichen Newsletter an die Sympathisanten und versuche, weitere Geldgeber zu finden. Eine Organisation, die neu entstehenden Waldorf-Schulinitiativen hilft, unterstützt uns bei der organisatorischen Arbeit.

Zurück in Pine Ridge, erfahren wir, dass in der Mitte des Reservates ein Stück Land zum Verkauf steht. John Haas verhandelt mit dem Besitzer und bringt das Kunststück fertig, dass wir bereits ein kleines Schulgebäude bauen dürfen, das Land aber erst bezahlen müssen, sobald genügend Spenden vorhanden sind. Ein riskantes Unterfangen: Jedoch die einzige Möglichkeit, um unsere Vision in die Tat umzusetzen.

Wicincila Caroline

*Ein Volk ist nicht besiegt, bis das Herz der Frauen
am Boden ist.*
Cheyenne-Sprichwort

Meine zweite Schwangerschaft ist – abgesehen von der heftigen Übelkeit, die mich allerdings nicht daran hindert, kräftig
an Gewicht zuzulegen – gut verlaufen. Jetzt brausen wir wieder mitten in der Nacht los, und am 16. Mai 1993 bringe ich
ein kleines kräftiges Mädchen mit großen blauen Augen zur
Welt. Wir nennen sie Caroline, nach meiner Großmutter, die
nur wenige Monate später stirbt. Leben und Sterben liegen
manchmal so nahe beieinander.

Bald müssen wir einen weiteren Verlust verkraften. Wir
befinden uns gerade wieder auf Europareise für das Schulprojekt, als uns die Nachricht von Lindas Tod erreicht. Sie war einfach zu Hause zusammengebrochen. In der Klinik ließ man sie

dann viel zu lange warten, und noch auf dem Weg in ein anderes, größeres Spital starb sie. Bei einer Autopsie stellte sich heraus, dass sie wohl schon länger an einer Stoffwechselkrankheit litt.

Fünfzehn Reiter begleiten ihren Sarg zur Grabstätte auf einem kleinen Friedhof außerhalb von Kyle. Nun werden Lindas Töchter Amaris und Clovia die Rolle der Mutter für deren Jüngsten übernehmen und den kleinen Samuel aufziehen.

Ich gelange mit sechs Kindern, dem großen Garten, der beschwerlichen Hausarbeit und dem zeitraubenden Schulprojekt irgendwann an die Grenzen meiner Kräfte. 1993 ist das bisher schwierigste Jahr, seit ich hier bin. Obwohl Bob mich unterstützt, so gut er kann, und er sich als kluger und rücksichtsvoller Partner erweist, gibt es ein großes Problem: Bob hat in den Jahren, in denen er mit den Kindern allein war, alles für sie gemacht, ohne etwas zu erwarten.

Nun habe ich einen Teil seiner Aufgaben übernommen, mit dem Unterschied, dass ich nicht gewillt bin, alles bedingungslos zu erledigen, sondern konkrete Mithilfe erwarte. Ohne Erfolg. Deswegen kommt es zwischen Bob und mir oft zu Meinungsverschiedenheiten, aber Probleme mit den Kindern erträgt mein Mann nicht, und einer Diskussion darüber weicht er aus: Er setzt sich ohne Erklärung ins Auto und fährt weg – stundenlang, manchmal verschwindet er auch für mehrere Tage, oder er nimmt seine älteren Kinder mit und lässt mich mit Celestine und Caroline allein. Das ist Bobs Art, mit diesem Problem umzugehen: die Flucht ergreifen.

Eines Abends halte ich die Belastung im Haus nicht mehr aus. Stundenlang wandere ich in der Dunkelheit durch die Prärie. Am nächsten Tag fühle ich mich kraftlos und deprimiert. Ich bin zum ersten Mal in meinem Leben an einem

Punkt angelangt, an dem ich nicht mehr weiterweiß und ans Aufgeben denke. Ich buche einen Flug zurück in die Schweiz und sage es Bob. Ich weiß, dass ihm meine Ankündigung das Herz brechen wird. Prompt fährt er mit dem Auto weg.

In dieser Nacht träume ich, dass Bob auf unserem Bett sitzt und durch das Fenster hinausblickt. Er scheint auf etwas zu warten, was verloren gegangen ist. Ich sitze ebenfalls auf dem Bett und beobachte, wie ein Wesen durch das Südfenster gelangt. Als es hereinschwebt, realisiere ich, dass es Bobs verstorbene Mutter ist. Sie hält in den Händen, was Bob verloren hat, und überreicht es mir. Ich bedanke mich und gebe es Bob zurück. Als ich aufwache, weiß ich nicht, um was es sich beim Ausgehändigten handelt, aber es kommt mir ein Satz der Lakota in den Sinn: »Die Toten reisen in den Süden.«

Die rätselhaften Träume häufen sich. In der nächsten Nacht kommen vier Indianer in mein Haus. Jeder trägt einen Büffelkopf. Sie sagen mir Dinge, an die ich mich am Morgen nicht mehr erinnern kann, und schenken mir einen Büffelkopf, den ich aufsetzen soll. Einmal bitte ich Richard Moves Camp in einem Traum um Hilfe. Dann färbe ich seine und meine rechte Handfläche schwarz ein und bemale sie mit je sieben weißen Punkten. Richard sagt daraufhin zu seiner Frau, dies seien die Zeichen von Crazy Horse.

Viele Dinge, die in meinen Träumen geschehen, kann ich nicht entschlüsseln. Vielleicht werde ich sie eines Tages verstehen. Manche Träume sind realer, als wir meinen. Für die Indianer sind Träume ein Teil der Wirklichkeit und enthalten Botschaften. Jeder hat seine Spirits, wir können sie hören oder auch nicht. Oft habe ich Lakota auch sagen hören: »Die Weißen denken nur mit dem Intellekt. Sie vergessen, mit dem Herzen zu denken, auf das Herz zu hören: Weil es verschlossen ist.«

Als ich nach dem Aufwachen an meinen letzten Traum denke und zu entziffern versuche, was das Verlorene und Wiedergefundene bedeuten mag, kann ich nicht mehr abreisen. Tief in meinem Herzen weiß ich nun: Ich werde nie weggehen, weil ich Bob und seine Kinder nicht verlassen will und mich meine Verbindung zu den Lakota nie loslassen wird. So sehr ich mich ärgere, wenn Bob sich wieder einmal aus dem Staub macht, so froh bin ich, wenn der Pick-up seine Rückkehr ankündigt. In einem Brief schreibt mir Bob später, was er nicht aussprechen kann: »Ich glaube wirklich, dass ich ohne dich nicht leben könnte. Wenn du mich je verlassen würdest, würde ich zwar existieren, leben aber würde ich nicht mehr.«

Robin wird in diesem Sommer 1993 fünfzehn, Logan ist ein Jahr jünger. Pünktlich zur Pubertät schwänzen sie immer öfter die Schule, und anstatt mit dem Bus nach der Schule nach Hause zu fahren, bleiben sie in Kyle, treiben sich mit andern Jungen herum, oder sie gehen zu ihrer Mutter. Erst viel später erfahre ich, dass in dieser Zeit Janes Bruder aus dem Gefängnis entlassen worden ist und Logan und Robin für seine schmutzigen Drogen- und Alkoholgeschäfte benutzt.

Bob ist enttäuscht: Er hat seinen Söhnen Werte und eine Identität vermittelt. Er hat für sie gesorgt und sie geliebt. Aber das Schicksal ist offenbar nicht aufzuhalten. Logan und Robin entziehen sich immer stärker unserer Kontrolle und unserem Einfluss. Zusammen mit anderen Jugendlichen, die weniger Chancen hatten im Leben als unsere Kinder, fahren sie in klapprigen Autos durch die Badlands in die Grenzstädte des Reservats.

Wenn die Jugendlichen unterwegs trinken, endet manch eine dieser Partys mit einem tödlichen Unfall. Logans Freundin kommt bei einem Autounfall um. 1994 verbringt Robin seine erste Nacht im Gefängnis: Janes Bruder, der seinen Füh-

rerschein hatte abgeben müssen, ließ sich von Robin aus dem
»Res« chauffieren, um Alkohol zu kaufen. Auf dem Rückweg
liefen sie der Polizei in die Arme und wurden verhaftet. Ein
Jahr später ist Jessy über Nacht bei einer Freundin eingeladen.
Morgens um sechs Uhr klingelt bei uns das Telefon. Es ist das
Gefängnis von Kyle. Jessy ist elf Jahre alt und sitzt dort in Haft.
Innerhalb einer Minute braust Bob im Auto davon, eine große
Staubwolke hinter sich herziehend.

Die Gründe für die Inhaftierungen sind oft nichtig: In Kyle
und den umliegenden Gemeinden gibt es ab 21 Uhr ein Aus-
gehverbot für Jugendliche unter achtzehn Jahren. Die Polizei
fährt nach Einbruch der Dunkelheit durch die Siedlungen.
Wer sich draußen aufhält, wird aufgegriffen und in eine Zelle
gesteckt. Und wie ich schon erwähnt habe: Kommt es in der
Schule zu Prügeleien, werden die Beteiligten sofort von der
Polizei abgeholt und inhaftiert. Als Abschreckung hat das
Gefängnis für die meisten Jugendlichen hier keine Bedeutung
mehr, es gehört zu ihrem Alltag, zu nichtig sind die Anlässe,
für die sie verhaftet werden.

Arbeit und Erfolg

*Wir haben Trommeln, der weiße Mann nennt sie
Kriegstrommeln. Aber es gibt keine Kriegstrommeln,
wir benutzen sie, um mit Gott zu sprechen. Der Weiße
sieht, wie unsere Krieger ihr Gesicht bemalen, also
nennt er es Kriegsbemalung, aber es ist nicht für den
Krieg. Wir bemalen uns, damit Gott unser Gesicht
klarer erkennt, wenn wir sterben. Also, wie können
wir mit dem weißen Mann über Frieden sprechen,
wenn er nur Krieg kennt?*
Mathew King, Lakota

Durch die Vortragstouren wird das Wolakota-Projekt in Europa ziemlich bekannt. Es kommt genug Geld zusammen, um die Kosten für die Materialien, die Elektrizität, den einstweiligen Betrieb und die Mahlzeiten für etwa fünfzehn Kinder zu decken. Im Sommer 1994 bauen wir als Erstes ein kleineres Gebäude für den Kindergarten am Three Miles Creek. Bob zeichnet die Pläne und baut mit einigen Helfern ein einfaches Haus aus Pressholzplatten. Ein paar Schüler einer deutschen Waldorf-Schule, die von dem Projekt gehört haben, helfen in ihren Sommerferien unentgeltlich mit.

Wir haben einen ausgezeichneten Waldorf-Pädagogen gefunden. Gregory kommt aus Kalifornien und ist bereit, bei minimaler Entlöhnung ein oder zwei Jahre zu unterrichten, aber um dem Kindergarten eine Schule anzuschließen, müssten mehr finanzielle Mittel zur Verfügung stehen.

Viele Spielsachen werden dem Kindergarten geschenkt. Sie sollen aus Holz, Horn oder Stein gearbeitet sein. Eine Mutter fertigt indianische Puppen an. Das Oglala Lakota College stellt uns einen alten Computer zur Verfügung. Dank der Unterstützung eines Stammesratsmitgliedes erreichen wir sogar, dass die streckenweise unbefahrbare Erdstraße zur Wolakota-Schule mit einer Ladung Kies veredelt wird.

Das Projekt bringt Bewegung, sehr viel Arbeit und viele neue interessante Menschen in unser Leben. Im Sommer stehen nun zeitweise drei Zelte von spontanen Besuchern aus den USA oder Europa in unserem Garten. Sie fragen mich oft, ob ich hier akzeptiert sei. Dadurch, dass ich mit einem Lakota verheiratet bin, bin ich fast automatisch in die Lebensgemeinschaft integriert. Für Fremde ist es schwieriger. Wenn sie nicht sehr offen auf die Menschen hier zugehen, bleiben sie lange allein. Nicht weil Lakota Weiße grundsätzlich ablehnen, sondern weil sie sehr stark in ihren Familien leben, zurückhaltend und manchmal auch etwas misstrauisch sind.

Es ist eine spannende, aufregende Zeit. Wir kaufen einen alten Van, der als Schulbus dient, um die Kinder einzusammeln. Da wir nur so viele Kinder in den Kindergarten aufnehmen können, wie das Gefährt Sitze hat, ist ihre Zahl auf höchstens fünfzehn beschränkt. Bald ist der Wolakota-Kindergarten voll besetzt. Die Kinder lieben es, in die Spielwelt einzutauchen: Sie backen, malen, machen täglich einen Ausflug in die Prärie, wobei Pflanzen, Steine und Knochen gesammelt werden.

Der Waldorf-Lehrer arbeitet eng mit dem Lakota-Lehrer zusammen, um eine Verbindung zwischen Waldorf-Pädagogik und Lakota-Kultur aufzubauen. Im Lakota-Unterricht wird den Kindern die Sprache und der geschichtliche Hintergrund ihrer Kultur vermittelt. Am Morgen gehen jeweils alle miteinander auf einen nahe gelegenen Hügel und sprechen als Erstes ein Lakota-Gebet.

Celestine besucht, seit sie fünf Jahre alt ist, den Wolakota-Kindergarten. Einmal kommt sie heim und fragt: »Mama, wieso bin ich anders als die anderen Kinder?« Ich frage nach, um herauszufinden, was sie meint. Sie blickt mich entrüstet an: »Meine Hautfarbe ist heller.« Ich versuche ihr zu erklären, dass ich Schweizerin bin und die meisten anderen Kinder Lakota-Eltern haben. Celestine antwortet: »Ich möchte wie die anderen sein.«

Dadurch, dass wir hier leben, werden meine Töchter stärker von der indianischen Kultur geprägt als von meinen europäischen Wurzeln. Schwitzhütten, Sonnentänze und Pow-Wows gehören für sie selbstverständlich zum Alltag. Seit Caroline stehen kann, begibt sie sich neugierig und genüsslich in die wildesten Tänze hinein, und selbst wenn sie in der Menge verschwindet und mich nicht mehr sieht, scheint sie jeden Moment zu genießen.

Entscheidungen, die die vier großen Kinder betreffen, fällt Bob weiterhin allein. Er redet mit mir über seine Gedanken und Pläne und hört sich meine Meinung dazu an, aber das letzte Wort hat er, beeinflussen kann ich ihn nicht. Seiner Meinung nach haben sich Robin und Logan für den unguten Lebensstil ihrer Mutter entschieden. Die meisten Teenager in Kyle rauchen, trinken und gehen in der Freizeit unnötige Risiken ein. Unsere beiden Ältesten lassen sich immer seltener bei uns blicken, und in der Schule tauchen sie auch nicht auf. Lange begriff ich nicht, wieso sich die Kinder nach allem, was sie mit ihrer Mutter durchmachen mussten, und nach ihren langen Jahren des Schweigens trotzdem zu ihr hingezogen fühlen. Viel später erklären mir die beiden Jungen die praktischen Aspekte der Liaison: Bei Jane ist alles erlaubt.

Constance und Jessy besuchen zwar weiterhin die Little-Wound-Schule, aber auch die Mädchen schwänzen immer öfters oder bleiben über das Wochenende bei Jane. Dort müssen sie allerdings auch putzen und die leeren Flaschen der nächtlichen Saufgelage wegräumen. Constance trinkt mit ihrer Mutter zusammen zum ersten Mal Alkohol. Nicht nur ein Glas, sondern eine ganze Flasche. Zu diesem Zeitpunkt ist sie fünfzehn. Verbieten können wir den Kontakt nicht. Wir befürchten auch, dass uns die Kinder ganz entgleiten, wenn wir sie auf den schlechten Einfluss ihrer leiblichen Mutter hinweisen. Es ist ein Teufelskreis.

Schließlich entscheidet sich Bob schweren Herzens, Robin und Logan in eine indianische Internatsschule zu schicken. Heute gibt es einige Institutionen, die sich einen guten Ruf erarbeitet haben. Viele Eltern und Jugendliche aus dem Reservat wählen eine solche Lösung, da diese Schulen nicht nur eine bessere Ausbildung, sondern auch verschiedene Freizeitprogramme anbieten. Logan will in die Flandreau-Indian-Boarding-Schule, weil diese eines der besten Basketballteams hat. Robin entschließt sich für die Crow-Creek-Schule.

Aber das geregelte Internatsleben gefällt den beiden nicht. Sie nutzen die nächste Mitfahrgelegenheit und kommen nach Kyle zurück. Robin beendet die Schule in der neunten Klasse. Logan wird im zehnten Schuljahr – wegen schlechten Benehmens – suspendiert. Der Kontakt zu den beiden verliert sich in den folgenden, unsteten Jahren nie ganz. Beide Söhne kommen immer wieder nach Hause, meistens, wenn sie Geld brauchen, manchmal auch zum Essen oder einfach zum Reden. Wie junge Vögel suchen sie für kurze Zeit ihr Nest auf, um kurz danach wieder in die Freiheit zu flattern. Was sie genau machen, weiß ich nicht, jede kritische Frage wird als Vorwurf interpretiert und hat unweigerlich den Rückzug zur Folge.

Logan war als kleiner Junge überdurchschnittlich intelligent und Robin ein sehr interessierter und vor allem handwerklich sowie künstlerisch begabter Junge. Diese Talente wurden durch uns gefördert. Das Familienleben war über Jahre hinweg stabil und verlässlich, die größte finanzielle Not gelindert. Nun frage ich mich, wie alles so spurlos versickern konnte und wieso die Jungen heute dermaßen enttäuscht und wütend sind. Ich hoffe aber auch, dass sie eines Tages ihren Weg finden werden: auf ihre Art und zu einem Zeitpunkt, der für sie stimmt.

Dunkle Vorahnungen

Ich bete, um zu verstehen, was der Mensch vergessen hat.
Vernon, vom Stamm der Lumbee

Weihnachten 1995 verbringen wir alle zusammen: Constance, Jessy, Celestine, Caroline, Robin und Logan. Es sollte das letzte gemeinsame Weihnachtsfest sein. Bob ist an diesem Abend sehr glücklich. Wir essen ein Festmahl. Wie in den übrigen USA ist es inzwischen auch im Reservat üblich, dass an Weihnachten ein Truthahn auf den Tisch kommt. Ich organisiere wie jedes Jahr einen richtigen Tannenbaum mit echten Kerzen. Das schönste Geschenk habe ich bereits: Ich bin zum dritten Mal schwanger. In meinem Lakota-Art-Kurs im College nähe ich aus Leder eine kleine Eidechse: Für den Fall, dass es ein Junge wird. Sie ist mit grünen Glasperlen besetzt, und ein gelber Blitz zieht über den Rücken des Tieres.

Unser Sohn kommt am 27. April 1996 zur Welt. Im Augenblick, als er das winzige Baby zum ersten Mal auf dem Arm hält, gibt Bob ihm den Namen: Clarence. Er ist hellhäutig wie ich und hat die schönen grünen Augen seines Vaters. Später erzählt mir Bob, dass er kurz vor Clarence' Geburt unter dem nächtlichen Himmel stand und dem Wind lauschte. Es schien, als wispere der Wind den Namen seines Sohnes. Er nahm es als gutes Omen.

Ich verbringe jetzt viel Zeit mit dem Baby und den Kindern auf der Veranda vor der Küche, überwache die Hausaufgaben meiner Töchter, arbeite am Schulprojekt und putze das Biogemüse aus dem Garten. Bob liebt die kleine Veranda ebenfalls. Nach Feierabend sitzt er oft dort. Nachdenklich, eine Zigarette rauchend, in die Ferne blickend. Eines Nachts weist er in die Dunkelheit auf die kleine Anhöhe mit dem einzelnen Baum und sagt: »Dort will ich eines Tages begraben werden. Nur in ein Büffelfell gewickelt. So wie es früher üblich war.« Erschrocken blicke ich Bob an: »Hey, wir brauchen dich. Du machst mir Angst, wenn du so sprichst.«

In den kommenden Monaten wiederholt Bob diese Bemerkung, und mehr als einmal ergänzt er: »Du müsstest dann in die Schweiz gehen. Deine Eltern könnten dir helfen.« Einmal, als er mit Clarence auf dem Schoß dasitzt, blickt mich Bob lange an. Dann sagt er: »So gerne würde ich seine Kinder erleben. Aber wenn es nicht sein soll, werde ich es akzeptieren.« Für mich ist es schlicht unvorstellbar, ohne Bob zu sein. Und so verdränge ich seine Worte schnell wieder.

Es ist ein heißer Sommer – ich bin seit sieben Jahren hier –, und Bob arbeitet nächtelang mit Bill, seinem Freund, auf dem Feld, um eine gute Ernte einzufahren. Sie mähen das Alpha-Weizenfeld nachts, wenn die Luftfeuchtigkeit hoch ist. Tagsüber ist es so trocken, dass die Ähren während des Schneidens verstauben würden. Stundenlang höre ich, im Bett liegend, das Rattern der Motoren. Und wenn es ruhig wird, weiß ich, dass die beiden Männer – zum hundertsten Mal – das abgewrackte Gefährt reparieren.

Bob hustet viel. Meine Ermahnungen, er müsse einen Arzt aufsuchen, ignoriert er. Erst viel später erzählt mir Bill, dass er Bob während der Arbeit auf dem Feld oft geraten habe, er solle sein Herz untersuchen lassen. Aber im Herbst ist eine weitere Tour in Deutschland für die Wolakota-Schule geplant, und Bob sagt, er habe einfach keine Zeit für einen Arztbesuch. Das Land, auf welchem der Wolakota-Kindergarten steht, ist noch nicht bezahlt, und nun drängt der Besitzer, er werde es anderweitig verkaufen, falls wir nicht bezahlten. Bob hofft, auf der dreiwöchigen Informationstour das nötige Geld zu sammeln. Der Vorstand der Wolakota Society hat sich zum Ziel gesetzt, bis Ende des Sommers mit einer ersten Schulklasse zu starten.

Unsere Helfer in Deutschland, der Schweiz und Holland bauen im Verlauf der Zeit Kontaktstellen für die Wolakota Society auf, die dem Kindergarten und der Schule vorsteht, und organisieren die Vortragsreisen. Während Bob wochenlang unterwegs ist, bin ich mit den Kleinen bei meinen Eltern in der Schweiz und schreibe Spendenaufrufe an Privatpersonen und Firmen. Nur wenige machen sich die Mühe, eine Absage zu schreiben. Aber es gibt auch Erfolge, neue Spenden und Menschen, die uns ermutigen weiterzumachen.

Als Bob zurückkommt, sieht er schlecht aus. Er hat abgenommen und wirkt erschöpft. Ein hartnäckiger Husten plagt ihn vor allem in der Nacht, was zur Folge hat, dass er nicht mehr schläft, sondern die Stunden lesenderweise und sitzend verbringt. Ich melde ihn beim Arzt an, obwohl er nicht einverstanden ist. Nach einer gründlichen Untersuchung bestätigt dieser, was ihm ein anderer vor Jahren angedeutet hat. Eine Herzklappe schließt nicht richtig und muss doppelte Arbeit leisten, um das Blut durch das Herz zu pumpen. Aus diesem Grund ist der Herzmuskel stark erweitert. Er rät Bob dringend, sich in Amerika sofort in ärztliche Behandlung zu begeben, eine Operation sei unumgänglich.

Die andere Reise

Indem die Lakota die Natur beobachteten und lernten,
verstanden wir, dass die Natur »Wakan« (heilig) ist.
Natur ist Wakan Tanka. Dieser Glaube brachte uns dazu,
zu akzeptieren, was ist und was sein wird. Der Tod ist
ein Teil davon, was ist. Den Tod akzeptieren ist Wakan.
Und wenn wir vor dem Tod Angst haben, dann haben
wir vor dem Leben Angst.
Bob Stadnick

Die Kälte kriecht durch die Kleidung, und eisige Schneeflocken peitschen uns ins Gesicht, als wir einige Wochen später in Denver landen. Am nächsten Morgen fahren wir mit unserem Auto Richtung Norden nach Hause: 640 Kilometer durch Schnee und über gefrorene Straßen. Bob spricht nicht viel und drängt darauf, nur kurze Pausen einzulegen. Ich versuche ihn zu überreden, mich fahren zu lassen, aber er hat eine seiner Bob-Antworten auf Lager: »Solange ich lebe und fahren kann, fahre ich.«

Am nächsten Tag telefonieren wir mit dem Arzt in Rapid City und erhalten einen Termin in vier Wochen. Bereits in der zweiten Nacht kann Bob kaum mehr atmen. Er ruft mit schwa-

cher Stimme meinen Namen und heißt mich, die Ambulanz zu
verständigen. Verstört beginne ich mich anzuziehen, möchte
ihn unbedingt begleiten. Er will, dass ich bei den Kindern
bleibe. Durch das Fenster blicke ich der Ambulanz nach, bis
sie in der Dunkelheit verschwunden ist. Er wird die Nacht im
neuen Krankenhaus von Pine Ridge verbringen. Als ich am
nächsten Morgen mit den Kindern ins Spital komme, teilt mir
die Schwester mit, dass kleine Kinder in den Patientenzim-
mern nicht erlaubt seien, sie könnten Viren einschleppen.
Meine Proteste helfen nichts. Die Kleinen müssen die folgenden Stunden im Spielzimmer verbringen, wobei die erst sechs-
jährige Celestine ihre kleinen Geschwister beaufsichtigt.

Bob hat eine Lungenentzündung, die in den folgenden fünf
Tagen stationär mit Antibiotika behandelt werden muss. Ich
fahre nun jeden Morgen nach Pine Ridge, und immer begleitet mich eine meiner Freundinnen, Vida oder Delina, um mit
den Kleinen im Aufenthaltsraum zu warten. Vida wohnt mit
ihrem Mann Vincent und ihren Kindern ebenfalls am American Horse Creek, wir sind Nachbarinnen, und Delina ist eine
Freundin aus Kyle, die mir laufend den neuesten Klatsch aus
dem Ort berichtet.

Durch die fehlerhafte Herzklappe hatte sich Wasser in der
Lunge angesammelt, was eine Entzündung auslöste. Um das
weitere Vorgehen abzuklären, müsse sich Bob – sobald es ihm
etwas besser gehe – im Regionalspital von Rapid City durch
einen Herzspezialisten untersuchen lassen. Ich mache mir
große Sorgen. Der Arzt des Pine-Ridge-Spitals bestätigt mir
die grundsätzlich gute Konstitution meines Mannes: »Machen
Sie sich keine Sorgen.«

Nach dem Neujahr kann ich Bob abholen. Er besteht darauf, den Wagen selbst zu lenken. Wir warten auf den Arztter-

min im Regionalspital, und in der Zwischenzeit geht Bob seinen gewohnten Tätigkeiten nach. Er telefoniert, schreibt viel und arbeitet an den Schulplänen. Trotz meiner heftigen Proteste nimmt er auch seine liebste Tätigkeit – die Reparaturarbeiten am Traktor – wieder auf. Eines Morgens wacht er auf und erzählt mir, dass er im Traum seine beiden alten Freunde getroffen habe. Sie waren Medizinmänner und verstarben vor vielen Jahren. Bob sagt auch, er empfinde eine unerklärliche Gewissheit, dass bald etwas Neues, Unabänderliches auf uns zukommen werde. »Es ist etwas Großes, Mächtiges. Aber ich kann nicht sagen, was es ist.«

Nach zwei Wochen verschlechtert sich sein Zustand plötzlich. Bill fährt ihn nach Pine Ridge ins Spital, wo man ihm Medikamente gibt und ihn am selben Abend nach Hause schickt. Da ein Ambulanzwagen sowieso nach Kyle fahren muss, nehmen sie Bob mit und lassen ihn an der großen Erdstraße aussteigen. Mit einer erneuten Lungenentzündung läuft er bei eisiger Kälte mitten in der Nacht einen halben Kilometer weit bis zu unserem Haus. Ich glaubte ihn gut aufgehoben im Spital und bin sprachlos, als er plötzlich vor mir steht.

Eine Woche später wird Bob im Regionalspital in Rapid City untersucht. Es stellt sich heraus, dass er eine künstliche Herzklappe benötigt, der Operationstermin wird auf den 5. Februar 1997 festgelegt. Bis dahin wird die Lungenentzündung abgeklungen sein und sollten die letzten Untersuchungsergebnisse vorliegen. Der Spezialist nimmt sich Zeit, um all meine Fragen zu beantworten.

Bob ist die Gelassenheit in Person und fragt nicht viel. Bis Ende Januar erledigt er fieberhaft weitere Vorbereitungsarbeiten für die Wolakota-Schule. Nachdem das notwendige Geld durch Spenden zusammengekommen ist, kann er die Landrechte jetzt umschreiben lassen, sodass die Zukunft der Schule gesichert ist. Dann besucht er Dean Two Eagle, der seit seiner vorzeitigen Haftentlassung in Rapid City lebt. Als ich Bob nach seinem Besuch bei Dean frage und danach, was dieser erzählt habe, antwortet er, ohne mich anzusehen: »Ich kann es dir nicht sagen.« Aber etwas hat sich verändert: Auch wenn Bob in meiner Nähe ist, scheint er weit entfernt zu sein.

Im Nachhinein kommt es mir so vor, als habe er sich innerlich verabschiedet. Seine Gedanken und sein Geist sind in einer anderen Welt, zu der ich keinen Zutritt mehr habe. Bob redet nicht mehr viel, übernachtet oft auf der Couch. Ich kann nichts tun und fühle mich ohnmächtig. Ich möchte ihm helfen, möchte ihn pflegen. Aber er lässt es nicht zu. Manchmal möchte ich ihn packen und anschreien: »Geh nicht weg. Bleib bei mir.« Panik und Angst breiten sich in meinem Innern aus.

Am zweiten Februar wache ich auf, es ist noch sehr früh. Die graue Morgendämmerung liegt über der verschneiten Prärie. Bob ist bereits angezogen, er sieht blass und eingefallen aus. Als ich mich blitzartig im Bett aufsetze und ihn noch verschlafen ansehe, teilt er mir mit: »Ich fahre nach Pine Ridge ins Spital.« Erschrocken springe ich aus dem Bett. Aber er ist bereits an der Treppe, will sich unbedingt allein auf den Weg machen. Außer dem Wind, dem Schrei eines Habichts oder dem Heulen der Kojoten gibt es in der Prärie nur wenig Geräusche. Jetzt lausche ich dem Brummen des Motors, jenem Geräusch, das mein Herz immer höher schlagen ließ, wenn es aus der Ferne nahte. Immer leiser wird der Motorenlärm, bis er schließlich ganz in der Ferne verklingt.

Am späten Vormittag ruft Bob an und sagt, dass er im Pine Ridge Hospital bleiben müsse. Eine Ambulanz bringe ihn am nächsten Tag nach Rapid City ins Regionalspital, und dort

werde er dann operiert. Ich fahre sofort zu ihm nach Pine
Ridge. Er liegt im Bett und beginnt, ohne mich anzublicken,
zu erzählen: »Als ich heute Morgen in meinem Bett lag, kam
ein Adler hereingeflogen. Die Decke des Zimmers verschwand
plötzlich, und ich sah den Himmel über mir. Dann verwan-
delte sich der Vogel in meinen Freund Joe Eagle Elk. Er rief
mir zu: ›Jetzt bist du frei, Bob.‹«

Bob stirbt

*Tunkasila, Großvater, gib mir die Ruhe, die Dinge zu
akzeptieren, die ich nicht ändern kann, den Mut, die
Dinge zu ändern, die ich ändern kann, und die Weisheit,
den Unterschied zu erkennen.*
Lakota-Gebet

Am nächsten Morgen fahren wir früh los, ich packe die Kinder
warm ein und zurre sie in den Kindersitzen fest. Über Nacht
hatte einer der berüchtigten Dakota-Blizzards die Prärie in ein
endloses Schneefeld verwandelt. Einen Räumungsdienst gibt es
nicht, und nach der Überquerung des Flusses häufen sich die
hohen Schneedünen. Ich will zu Bob, aber wir kommen nicht
weit und bleiben nach einem halben Kilometer stecken. Bei diesem Wetter geht man nur ins Freie, wenn dringende Gründe
bestehen, und so sind die Straßen menschenleer.

Es bleibt mir nichts anderes übrig, als im tiefen Schnee zu
Fuß zum Haus zurückzustapfen. Die beiden Kleinen trage ich,
Celestine muss sich an meiner Jacke festhalten und meinen

Fußspuren folgen. Am fünften Februar soll die Operation stattfinden. Constance und Jessy melden sich telefonisch, sie machen sich große Sorgen, und ich verspreche ihnen, dass ich sie auf dem Laufenden halten werde.

Bob befindet sich bereits im Untersuchungszimmer, als ich am nächsten Tag im Spital von Rapid City eintreffe. Die Zeit scheint stillzustehen. Endlich geht die Tür auf, der Spezialist kommt auf mich zu und teilt mir mit, dass er Bob – nebst der künstlichen Herzklappe – auch zwei Bypässe legen müsse. Die Operation soll wegen der Lungenentzündung auf den 10. Februar verschoben werden. Als ich frage, wie gefährlich die Operation sei, meint der Arzt, dass es sich um Routineeingriffe handle, Herzoperationen aufgrund der Infektionsgefahr nach dem Eingriff jedoch immer ein Risiko darstellten.

Bob blickt mich wenig später lange und sorgenvoll an. Er ist über die Terminänderung enttäuscht. Der Operationstag wird mein vierzigster Geburtstag sein. Um fünf Uhr drängt mich Bob, nach Hause zu fahren, da es bereits eindunkelt. Nachdem wir uns verabschiedet haben – ich bin bereits an der Tür –, laufe ich an sein Bett zurück und küsse ihn zum Abschied.

Später am Abend – wir sind eben zu Hause angekommen – packt mich plötzlich große Unruhe und Angst. Ich rufe sofort Bob an. Er bestätigt, was ich ahne: Er fühle sich unwohl. Ich wünschte, ich wäre bei ihm. Ich rate ihm, sofort die Krankenschwester oder einen Arzt zu benachrichtigen. Er ist erschöpft und möchte schlafen. Ich verabschiede mich mit den Worten: »Ich liebe dich und bete für dich.« Wann immer wir telefonierten, nie legte Bob den Hörer auf, ohne mir zu versichern: »Ich liebe dich, Baby.« Jetzt antwortet er einfach: »Ja.« Es ist das letzte Wort, das ich von ihm hören sollte. Meine Unruhe bleibt.

Keine halbe Stunde später klingelt das Telefon. Eine Frau-
enstimme fragt, ob ich Isabel Stadnick sei. Ich bejahe. Dann
redet sie weiter. Ich verstehe nichts. Nur einzelne Wortfetzen
– »ihr Mann«, »Herz«, »Intensivstation« –, die mich elektri-
sieren. Alles dreht sich, trotzdem funktioniere ich in Panik
automatisch richtig: Ich rufe den Wolakota-Kindergarten an
und frage Robert, den Lehrer, ob er sofort zu Celestine und
Caroline kommen könne. Clarence stille ich noch und nehme
ihn deshalb mit. Ich renne ins Schlafzimmer, werfe alle mög-
lichen Kleider in eine Tasche. Auch Babykleider und Windeln.

Die Nacht ist eiskalt und menschenleer. Erneut fegt ein
Schneesturm über das Land, und die Sicht ist schlecht. Auf der
zweistündigen Fahrt halte ich das Steuer krampfhaft fest und
bete stumm vor mich hin, dass alles gut werden möge. Mit
Clarence auf dem Arm renne ich an den Empfang des Spitals.
Nach einer Ewigkeit öffnet sich eine Tür am Ende des Korri-
dors, und eine Krankenschwester kommt auf mich zu. Ich
kann nicht mehr sagen, wie sie aussah, welche Haarfarbe sie
hatte oder wie groß sie war. Aber ihr Blick brennt sich für
immer in mir ein. In ihren Augen liegt das Unausgesprochene.
Das Schreckliche. Sie sagt: »Es tut mir leid. Er hat es nicht
geschafft.« Ich höre einen Schrei. Er kommt aus der Tiefe meines Herzens. Dann hüllt mich die Dunkelheit ein. Es ist der
5. Februar 1997.

Die Schwester hält mich fest, aber ich löse mich aus ihrem
Arm. In meinem Inneren ruft eine Stimme, dass das Unmög-
liche nicht wahr sein kann. Mein Verstand sucht verzweifelt
nach einem Ausweg: Es muss sich um einen Irrtum handeln.
Gleich werde ich in sein Zimmer treten und ihn in den Arm
nehmen. Er liegt mit der Lesebrille auf dem Bett. Er schläft
nur, denke ich erleichtert und laufe auf ihn zu. Plötzlich fällt

mir auf, wie still es im Zimmer ist. So still wie nirgendwo sonst. Es ist die Totenstille, die uns umgibt. Und als ich an Bobs Bett trete, öffnet er die Augen nicht, er atmet nicht, er lächelt nicht. Ich nehme ihm die Brille ab, lege sie auf den Nachttisch und streiche ihm über das Gesicht. Es ist so kühl.

In diesem Augenblick bricht meine Welt zusammen. Ich kann nicht einmal schreien. Ein dunkler Sog verschluckt mich. Es ist, als würde meine Seele ins All geschleudert. Ein Teil wird nie mehr zurückkehren. Sekunden, Minuten, Stunden: Ohne Zeitgefühl sitze ich da und spüre, wie die Kraft aus mir weicht. Manchmal höre ich mich mit Bob sprechen, als wollte ich ihn beruhigen. Ich sage ihm, dass er sich keine Sorgen machen müsse, dass wir es zusammen schaffen würden, so wie bisher auch. Draußen auf dem Korridor weint Clarence, er ist hungrig. Eine Krankenschwester kümmert sich um ihn. Wie kann ich mein Baby stillen, wenn mein Mann leblos vor mir liegt? Irgendwann zieht der Duft von wildem Salbei durchs Zimmer.

Die Tür geht auf und die Schwester sagt, sie müssten Bob nun in den Aufbahrungsraum bringen. Ich schicke sie weg. Sie kommt wieder, will wissen, in welches Beerdigungsinstitut er überführt werden soll. Ich will Bob nach Hause nehmen, aber sie sagt, das sei nicht möglich. Ich bitte sie, John Haas anzurufen, er müsse auch alle unsere Kinder benachrichtigen. John lässt Bobs Körper ins Beerdigungshaus nach Pine Ridge bringen.

Bevor wir das Spital verlassen, will ich von der Krankenschwester wissen, was geschehen ist. Sie erzählt mir, dass sie kurz nach acht Uhr abends in Bobs Zimmer gegangen sei, weil sie auf dem Monitor gesehen habe, dass sein Herz flimmerte. Als sie ins Zimmer trat, legte Bob gerade den Hörer auf. Es muss der Moment unseres letzten Telefongesprächs gewesen

158

sein. Die Schwester teilt mir noch etwas mit: Bob hatte im Spital bereits einmal eine Herzschwäche gehabt und nahm entsprechende Medikamente ein. Ich bin fassungslos, dass ich davon nichts gewusst habe. Sein Herz hat einfach aufgehört zu schlagen. Ich fühle mich wie eine leere Hülle, ich möchte mich auflösen, damit ich diesen unerträglichen Schmerz nicht mehr aushalten muss.

Die Welt ist innert Sekunden eine andere geworden. Es gibt jetzt ein Vorher und ein Nachher. Bob lebt nicht mehr. Eine kalte und gespenstische Leere breitet sich aus. Es ist vielleicht drei oder vier Uhr nachts, als ich mit Clarence das Spital verlasse. Ich fahre zu Dean Two Eagle und hämmere mit beiden Fäusten an die Tür, so lange, bis er aufwacht und schlaftrunken öffnet. Ich informiere ihn mit erstickter Stimme: »Bob ist tot.« Ich stehe einfach da und starre ihn an. Dean ist fassungslos. Ich drehe mich um und fahre weg. In den kommenden Tagen ist es, als würde ich von außen gesteuert. Und immer wieder dreht der Gedanke in meinem Kopf: »Ich habe nicht gewusst, dass Bob sterben wird.« Die Morgendämmerung erhellt den Horizont, als ich zu Hause ankomme. Ich stille Clarence und höre Bob sagen: »I love you, baby.« Nie will ich den Klang seiner Stimme vergessen.

Abschied

*Aber das oberste Gesetz des Landes ist das des großen
Geistes, nicht das der Menschen.*
Thomas Banyacya, Hopi

Ein schrilles Klingeln reißt mich aus dem Halbschlaf, und in
Sekundenschnelle wird mir bewusst: Es ist alles geschehen, es
ist alles wahr. Meine Mutter ist am Telefon, dann redet meine
Schwester, dann eine Freundin. Ich selbst bleibe stumm, ich
kann nicht sprechen. Wenig später klopft Bill Loafer an die
Tür. Er hat Tränen in den Augen, als er mich wortlos in den
Arm nimmt, und endlich kann auch ich hemmungslos weinen.

Dann will ich zu meinen Töchtern. Celestine sitzt im Schlafzimmer am Südfenster und weint leise vor sich hin. Neben ihr
starrt Robert, der auf die beiden Mädchen aufgepasst hat, zum
Fenster hinaus. Dieses Bild erschreckt mich: Mein Mädchen
sitzt neben ihm und ist doch ganz allein. Als ich ihre Augen

sehe, weiß ich, dass sie es bereits erfahren hat. Ich drücke sie an mich. Sie weint bitterlich und hält ihre Ärmchen fest um mich geschlungen. Caroline steht in ihrem Bettchen und blickt mich mit großen fragenden Augen an.

Von nun an werde ich mit den Kindern alleine sein. Noch weiß ich nicht, wie ich das schaffen soll und ob ich die Kraft finden werde, alles durchzustehen. Viele Freunde und Bekannte kommen in den folgenden Tagen ins Haus und bleiben bei mir. Logan, Constance und Jessy treffen – unendlich traurig – ein. Robin taucht nicht auf. Er verkriecht sich in seinem Kummer irgendwo. Neun Söhne und Töchter haben in der vergangenen Nacht ihren Vater verloren.

Noch bevor die Sonne aufgegangen ist, hat sich die Nachricht von Bobs Tod wie ein Lauffeuer in Kyle und der Umgebung verbreitet. John Haas übernimmt die organisatorischen Aufgaben und schreibt einen kurzen Lebenslauf für die Beerdigung. Ich werde ihm ewig dankbar sein. Ich sitze einfach da, höre die Stimmen, sehe die Menschen: Nichts dringt zu mir durch. Es ist, als wäre ich in Watte verpackt und innerlich erstarrt.

Am 7. Februar wird mir mitgeteilt, dass Bobs Körper endlich in Pine Ridge eingetroffen sei. Ich fahre los. Das Beerdigungsinstitut liegt beim alten Pine-Ridge-Spital. Ich muss in einem Vorraum warten. Zuvor habe ich mit Constance und Jessy besprochen, was wir Bob auf seine letzte Reise mitgeben möchten. Ich überreiche dem Verantwortlichen des Instituts einen Starquilt und bitte ihn, Bobs Körper darin einzuwickeln, so wie früher die Toten in ein Büffelfell eingewickelt wurden.

Der Mann führt mich durch eine Tür in einen verdunkelten Raum zu einer Bahre, schlägt das Tuch zur Hälfte zurück und lässt mich allein. Bob liegt vor mir. Sein Körper und sein Gesicht scheinen wie aus Marmor gemeißelt. Er sieht schön aus. Meine Hand streicht über sein Gesicht. Ich entzünde getrockneten Salbei. Der weiße Rauchschleier verbreitet herben Duft, den ich von nun an für immer mit diesem Augenblick in Verbindung bringen werde. Plötzlich bemerke ich, dass jemand neben mir steht. Es ist Norman Under Baggage. Er sagt: »Bob sieht friedlich aus.« Dann bin ich wieder allein.

Später müssen wir einen Sarg aussuchen. Ich sage, dass Bob keinen Sarg gewollt hätte. Es müsse sein, sonst könne man seinen Körper nicht nach Kyle überführen, heißt es. Ich wähle schließlich ein schlichtes Modell aus. Am Abend gehe ich mit Bill Loafer auf die Anhöhe mit dem einsamen Baum. Wir suchen zusammen die schönste Stelle aus. Von hier aus geht der Blick über den American Horse Creek und die weite Prärieebene.

Bill versucht in den folgenden Tagen, den gefrorenen Boden aufzubrechen, um das Grab zu schaufeln. Zeitweise muss er seinen Bagger zu Hilfe nehmen, weil es fast unmöglich ist, die vor Kälte erstarrte Erde auszuheben. Am 8. Februar wird Bobs Leichnam nach Kyle gebracht. Ich fahre mit den Kindern über den American Horse Creek zur Erdstraße. Plötzlich taucht aus dem Nichts ein Kojote auf und überquert ein paar Meter vor uns gemächlich die Straße. Ich trete auf die Bremse, der Wagen hält mit quietschenden Reifen. Das Tier blickt uns unerschrocken entgegen. Ich weiß, dass Bob diesen Boten geschickt hat, denn in Gedanken höre ich seine Stimme, als er am Tag unserer Hochzeit gesagt hat: »Wir müssen die Kojoten achten. Wenn sie auftauchen, bringen sie eine Botschaft: eine gute Botschaft.«

Ich wollte Bob bei uns zu Hause aufbahren, aber alle sagten, das sei keine gute Idee. Bei all dem Schnee und der Kälte wäre es vielen Trauernden nicht möglich gewesen, bis zu uns zu gelangen, um sich von Bob zu verabschieden. Der Sarg wird also in der Catholic Hall in Kyle aufgebahrt, die über einen großen Raum mit Stühlen und Tischen verfügt.

Drei Tage lang soll die Totenwache dauern. Über Mittag und abends wird der Sargdeckel jeweils eine Stunde lang geschlossen, und die Menschen, die aus anderen Siedlungen und von weit her angereist sind, erhalten eine Mahlzeit. Sogar Jane ruft an und fragt, ob sie etwas für uns tun könne. Nun kocht sie mit anderen Frauen die Mahlzeiten und den Kaffee. Ich selbst sitze an Bobs Sarg: von morgens bis abends. Zwischendurch stille ich Clarence. John Around Him spricht Lakota-Gebete und singt. Menschen beten, sitzen zusammen und unterhalten sich. Manchmal erzählt jemand von seinen Erinnerungen an Bob. Ich nehme alles, was geschieht, die Farben, Gerüche und Klänge, wahr. Trotzdem bin ich weit weg, in einer anderen Welt. Meine Mutter ist leider krank und reiseunfähig, aber mein Vater, meine Cousine, meine deutsche Freundin Gisela und Dea aus Holland stehen in diesen schweren Stunden an meiner Seite. Ich bin ihnen unendlich dankbar dafür.

Ich frage John Haas, was ich unternehmen könne, damit Bob seinem Wunsch gemäß nach alter Tradition beerdigt wird. Er antwortet: »Sorge dich nicht. Es ist gut so. Wir müssen ihn im Sarg lassen, sonst können wir ihn nicht auf den Hügel transportieren.« Am letzten Abend der Totenwache gibt Thomas Bull Bear Bob einen neuen indianischen Namen mit auf den letzten Weg: Takolaku Ota Wicasa – Mann mit vielen Freunden.

An meinem vierzigsten Geburtstag beerdigen wir Bob. Es ist der 10. Februar 1997. Wir fahren zum letzten Mal in die Catholic Hall. Richard Moves Camp leitet die Zeremonie ein, der katholische Priester schließt seine Segnung an. Bobs Schwester Judy und sein Bruder Jim sind katholisch. Sie besuchten als Kinder – genau wie er – die Missionsschule in Pine Ridge. Bob fand den Weg zur Lakota-Spiritualität, aber seine Geschwister blieben katholisch. Es kommt hier oft vor, dass ein Medizinmann und ein Priester nebeneinander beten und gemeinsam die Zeremonie durchführen, und niemand hat ein Problem damit.

Trommelschläge dröhnen durch den Raum. Richard und seine Helfer singen für den Verstorbenen. Jemand beugt sich zu mir und flüstert, der Sarg werde jetzt endgültig geschlossen. Vor diesem Moment fürchtete ich mich, ich hatte mir fest vorgenommen, nicht zusammenzubrechen. Ich neige mich über den Sarg, flüstere Bob meine letzten Worte ins Ohr, dann falte ich den Starquilt über seinem Gesicht zusammen. Eine amerikanische Flagge bedeckt den Sarg. Am Ende der Zeremonie wird sie von den Veteranen zusammengefaltet und mir zur Aufbewahrung überreicht. Das silberne Kreuz – es hing am Sarg – schenke ich Judy, die mir schluchzend um den Hals fällt.

Auf unserem Hügel angekommen, lassen die Männer den Sarg an Seilen in das ausgehobene Grab gleiten. Bobs Füße sollen gegen Osten liegen, sein Gesicht der aufgehenden Sonne und dem neuen Tag zugewandt. Ich lege einen Büffel-Starquilt auf den Sarg. Richard führt die Lakota-Zeremonie durch. Gesänge schallen über die schneebedeckte Prärie. Meine Cousine Natalie hält Clarence in den Armen. Ich stehe einfach da. Leer. Ohne Gedanken. Sprachlos. Aber ich will auf meinen Füßen stehen, bis Erde den Sarg bedeckt. Ich höre, wie die gefrorenen Erdbrocken auf dem Holz aufschlagen. Ich halte es nur aus, weil ich nicht wirklich da bin, weil meine Seele sich zurückgezogen hat.

Als das Grab zugedeckt ist, treibt Richard Moves Camp vier Holzstäbe in die Ecken der Ruhestätte – sie zeigen die vier heiligen Himmelsrichtungen an. Die schwarze Fahne den Westen, die rote den Norden, die gelbe den Osten und die weiße den Süden. Tabaksbeutel und Stoffbahnen flattern im eisigen Wind.

Vor uns liegt ein brauner Erdhügel, umgeben von vielen Blumen. Von unserem Haus aus kann ich die vier Flaggen auf dem Grab erkennen. Am späten Nachmittag gehe ich wieder auf den Hügel. Ich sitze am Grab, und das tue ich die nächsten Wochen und Monate jeden Tag.

Ein paar Tage nach der Beerdigung besucht mich John Around Him. Er sagt:»Isabel, du kannst die nächsten sechs Monate nicht verreisen. Du musst hierbleiben, denn Bobs Seele, sein Spirit, ist noch hier, bei seiner Familie, bei seinen Liebsten. Du darfst nicht unter viele Menschen gehen. Bleib hier und bete.« Er schaut mich an und fragt nach einer Pause: »Wirst du in die Schweiz zurückgehen?« Ich antworte wahrheitsgemäß: »Ich weiß es nicht.« John seufzt: »Du musst weitermachen, auch wenn es schwierig ist.« In einer Woche will er eine Zeremonie für mich abhalten. Er heißt mich, bald mit dem Vorbereiten der Tabak-Gebetssäckchen anzufangen.

Ein paar Tage später reist meine Cousine Natalie ab. Ihr warmes Wesen tat mir gut. Ohne viel zu reden oder zu fragen, hat sie sich um die Kinder gekümmert und war in der schlimmsten Zeit für uns da. Mein Vater bleibt noch. Er spricht nicht viel über Bob, lässt mich in Ruhe, hilft einfach, wo er kann. Celestine weiß mit ihren sechs Jahren sehr genau, dass sie ihren Papa nie mehr sehen wird. Caroline hingegen ruft, wenn sie weint, weil sie sich wehgetan hat, nach Bob. Celestine beruhigt ihre kleine Schwester, sagt ihr aber auch, sie solle ihren

Vater nicht mehr rufen, weil er nie mehr kommen könne. »Er ist jetzt ein Engel und wird dich beschützen.« Diese Worte übernahm sie von mir. Es ist eine Vorstellung, die die Mädchen tröstet.

Clarence ist erst neun Monate alt und wird sich nicht an seinen Vater erinnern. Eines Abends kommt endlich auch Robin vorbei. Es ist das erste Mal, dass ich ihn seit Bobs Tod sehe. Wir stehen in der Küche am Fenster, und er erzählt mir, dass Bob ihn ein paar Tage vor seinem Tod aufgesucht habe: »Ich saß auf der Treppe vor dem Haus. Dad sagte, er werde nicht mehr lange hier sein, und er wolle, dass ich meine Faulheit überwinde und etwas aus meinem Leben mache.« Robin ist inzwischen größer als ich und sehr kräftig, seine Arme sind voller Tätowierungen. Er schluchzt an meiner Schulter.

Die Wochen nach Bobs Tod verstreichen irgendwie. Vor meinem Vater und den Kindern reiße ich mich zusammen. Aber die Nacht macht mir Angst. Wenn ich im Bett sitze, in die Dunkelheit starre, auf Bob warte und mein Kissen nass von Tränen ist, wenn ich aufschrecke, weil ich meine, Bobs Schritte auf der Treppe zu hören, packt mich die Angst vor einem Leben ohne ihn. Wenn ich irgendwann in der Morgendämmerung einnicke, bleibt mir eine kurze Rast, bevor mich Clarence weckt, weil er Hunger hat.

An einem Nachmittag – die Kinder schlafen, und mein Vater hat sich auch hingelegt – kämpfe ich wieder einmal mit meiner Verzweiflung und der wiederkehrenden Frage, wieso Bob mich nichts von seinen Vorahnungen hatte wissen lassen. Oder verdrängte ich seine Botschaften, wollte ich das Schreckliche nicht wahrhaben? In diesem Moment klopft es an die Tür. Es ist meine Freundin Vida. Sie lächelt, setzt sich neben mich und fängt an zu reden: »Weißt du, Isabel, Bob bat darum, dass

wir uns um dich kümmern, wenn ihm etwas passieren sollte.«
Ich vertraue ihr an, dass ich mich Tag und Nacht hintersinne,
wieso er mir – seiner Frau – seine Todesahnung nie konkret
mitgeteilt hat. »Wie hätte er jenem Menschen, der ihm am
nächsten steht, sagen können, dass er sterben wird?«, sagt Vida
und blickt mich fragend an.

Ich schütte ihr mein Herz aus und erzähle, dass Bob die
letzten Wochen unnahbar gewesen sei, dass ich das Gefühl
hatte, ihn nicht mehr erreichen zu können. Vidas Worte
bleiben unvergesslich und werden mir in den kommenden
Monaten und Jahren immer wieder Trost spenden: »Lakota-
Männer ahnen es, wenn sie sterben. Mein Großvater reagierte
genau wie Bob. Auf einmal hatte er aufgehört, mit uns zu
essen oder wegzugehen. Er zog sich vollkommen zurück, bis
er eines Tages starb. So lösen sich die Menschen hier langsam
von ihren Liebsten, damit sich diese an ein Leben ohne sie
gewöhnen können.«

Nichts lebt lange

Nichts lebt lange, nur die Erde und die Berge.
Todeslied der Cheyenne

Ich sitze allein auf dem Hügel. Es ist später Nachmittag. Ich habe in den letzten Tagen mit Gott gehadert, gebetet, meinen Schmerz in die Prärie hinausgeschrien. Irgendetwas in mir hofft auf ein Wunder, hofft darauf, dass etwas geschieht und die Welt wieder so ist, wie sie früher war. Doch das Wunder bleibt aus. Der Himmel schweigt, nur das Heulen eines Kojoten durchbricht die Stille. Die Dunkelheit bricht herein und mit ihr die tödliche Kälte. Ein dunkler Sog zieht mich in die Tiefe, und mein größter Wunsch scheint plötzlich zum Greifen nah: einschlafen und Frieden finden. Dieser Augenblick dauert eine Ewigkeit, und mir wird bewusst, dass ich vor einer wichtigen Entscheidung stehe. Große Müdigkeit überkommt mich, und ich bin Bob ganz nahe, als mich eine helle Stimme aus diesem halb entrückten Zustand reißt. »Mama.«

Ich öffne die Augen und starre in die Nacht. Es ist niemand da. Aber unten, beim Creek, bemerke ich auf einmal einen Lichtschimmer: unser Haus. Dort leben drei kleine Kinder, die mich brauchen. Ich weiß, dass ich mich nicht verabschieden kann, jetzt noch nicht. In dem Moment entscheide ich mich für das Leben. Ich muss bleiben und weiterkämpfen, für meine Kinder. Ich stehe auf und mache mich auf den Heimweg, das letzte Stück renne ich.

Zehn Tage nach Bobs Tod findet im Wolakota-Kindergarten eine Zeremonie statt, die man »Das Trocknen der Tränen« nennt. Nachdem die Gebete gesprochen sind, werden mir die Haare mit einer Spange aus roten Glasperlen zusammengebunden. Johns Nichte Matilda überreicht mir eine Schüssel aus Blech und ein Tuch: Gegenstände, die den Verrichtungen im Alltag dienen. Sie sagt: »Dein Leben ist nicht zu Ende. Steh auf und nimm es in die Hand.« Sie reicht mir die heilige Pfeife. Dann übergibt sie mir einen mit Essen gefüllten Teller. Seit Bobs Tod konnte ich nicht mehr essen. Jetzt halte ich die Platte in der Hand und darf sie nicht zurückweisen. Ich nehme einen Bissen. Nun dürfen sich auch die anderen bedienen.

Die gemeinsame Mahlzeit verbindet uns. In den alten Zeremonien ist viel Weisheit enthalten, sie greifen in das Leben ein, wo es auseinanderzufallen droht, sie tragen das Leben weiter, wo wir es lieber beenden möchten. Eine Woche später führt John Around Him eine »Namenszeremonie« für den Wolakota-Kindergarten durch. Er besteht darauf, den Namen zu ändern in: »Robert-Stadnick-Wolakota-Schule«. Indem die Toten geehrt werden, leben sie weiter. John Around Him nutzt die Gelegenheit der Zeremonie und überreicht meinem Vater verschiedene Geschenke, um ihn für seine Ehrlichkeit, seine Offenheit und seine Großzügigkeit zu ehren.

Am Abend meldet sich Laura. Die zwei ältesten Kinder aus Bobs erster Ehe, Laura und Daron, leben in New Orleans. Das ist alles, was wir von ihnen wissen. Laura rief in den letzten siebeneinhalb Jahren vielleicht viermal an. Ich hatte nach Bobs Tod versucht, ihre Adressen ausfindig zu machen, leider ohne Erfolg. Dass sie gerade jetzt anruft, ist mehr als ein Zufall. Sie weiß von nichts, und ich muss ihr die traurige Nachricht mitteilen. Sie legt auf, um nur zehn Minuten später wieder anzurufen und mir ihre Pläne zu eröffnen. Zwei Tage später landen sie und ihr Bruder in Rapid City.

Der Flughafen ist klein und meist menschenleer. Ich habe ein mulmiges Gefühl. Ich werde die erwachsenen Kinder meines verstorbenen Mannes kennen lernen, welche kaum eine Beziehung zu ihrem Vater hatten. Vielleicht hassen sie ihn dafür oder mögen mich nicht. Aber als mich Daron umarmt, ist es, als würden wir uns schon lange kennen. Laura ist eine zierliche, dunkle Schönheit, mit der ich mich auf Anhieb verstehe.

Auf der eineinhalbstündigen Heimfahrt nach Kyle fragen sie mich über Bob aus, und ich erzähle ihnen alles. Die beiden bleiben eine Woche und lernen in dieser Zeit ihren Vater besser kennen. Mein Wunsch, alle Stadnick-Kinder zusammenzubringen, hat sich bis heute nicht erfüllt. Einmal kommen Jessy und Constance zu Besuch, an einem anderen Abend Logan oder Robin. Ich bin der festen Überzeugung, dass Bob sich sehr freuen würde, wenn er sähe, wie gut wir miteinander zurechtkommen. Laura hat sich über die wenigen Telefonate mit Bob eine eigene Verbindung zu ihm aufgebaut. Daron verbringt längere Zeit am Grab seines Vaters. Ich glaube, er sucht

170

die Versöhnung mit ihm. Als sie wieder abreisen, haben die beiden Tränen in den Augen. Ich wünschte, sie würden hierbleiben.

Während der ersten zwei Monate nach Bobs Tod ist immer jemand bei uns, auch mein Bruder kam mit seiner Frau für ein paar Wochen. Aber dann kommt der gefürchtete Tag, an dem ich mit den Kindern allein bin. Eines Morgens – es ist jetzt April – wache ich früh auf. In der Nacht war ein Blizzard über die Prärie gefegt. Es ist eisig kalt im Haus. Ich springe aus dem Bett und sehe die Kleinen aneinandergeschmiegt schlafen. Die Heizung funktioniert nicht mehr, es gibt kein Wasser, und auch die Telefonleitung ist defekt. Ich ziehe meine wärmsten Kleider an und hoffe, dass ich draußen etwas Brennholz finde, um einheizen zu können. Vor der Tür liegt der Schnee fast meterhoch. Bald brennt der kleine Ofen im Wohnzimmer, und den Tag verbringen wir um diese kleine Wärmequelle gedrängt, die uns auch als Kochstelle dient.

Am Nachmittag kommt Emmet American Horse vorbei, um nach uns zu sehen. Er bringt den ausgeliehenen Wagen zurück und schaufelt den Weg zum Haus frei. Emmet hackt Holz und untersucht die elektrischen Leitungen. Ich weiß, dass sich immer jemand um uns kümmern, uns helfen würde. Aber am Abend sagt Celestine: »Papa schickte diesen Schneesturm, um Mama zu zeigen, dass wir in die Schweiz ziehen sollen.«

Wenn Leitungen einfroren oder brachen, Wasser von der Küchendecke auf den Boden tropfte, weil ein Sturm einen Teil der Dachabdeckung mitgerissen hatte – Bob war dauernd damit beschäftigt, irgendetwas zu reparieren. Die Natur entfaltet hier eine elementare Kraft, der sich die Menschen unterordnen und anpassen müssen. Obwohl unser Haus, verglichen mit den meist undichten Wohnmobilen und Häusern, stabil gebaut ist, wird es von Sturmschäden auch künftig nicht verschont bleiben. Dies wird mir an jenem Tag bewusst.

In der Nacht als Bob starb, händigte mir die Krankenschwester im Spital Bobs Sachen aus, darunter einen Plastiksack mit seinem Nachthemd. Ich bewahre die Sachen sorgfältig im Schlafzimmer auf. Eines Tages kommt Celestine und fragt mich, wo Papas Nachthemd sei. Ich erkläre ihr, es sei im Schrank, worauf sie kurz verschwindet und mit dem Sack in der Hand zurückkommt. Sie nimmt das Hemd heraus, drückt es an ihr Gesichtchen und atmet tief ein: »Jetzt weiß ich wieder, wie Papa roch. Ich hatte es vergessen.« Wenig später begraben wir es im Garten und pflanzen einen blühenden Rosenstrauch dazu.

Weiterleben

Es gibt keinen Grund zur Furcht; der Tod ist eine andere
Art, zu leben.
Bob Stadnick

Am 27. April feiern wir Clarence' ersten Geburtstag. Die schwierigsten Tage sind die Kindergeburtstage oder andere besondere Momente. Als Clarence seine ersten Schritte alleine macht, ist Bill Loafer bei uns. Wir sitzen in der Küche und trinken Kaffee, als Clarence plötzlich das Tischbein loslässt und ohne Hilfe bis zum Stuhl läuft. Bill lacht und lobt den Kleinen, so wie es ein Vater tun würde. Er macht mir damit eine große Freude.

Ich werde mich entscheiden müssen: Soll ich bleiben oder zurück in die Schweiz gehen? Celestine ist sechs Jahre alt und wird im Herbst eingeschult. Es fehlt mir an der Kraft, mich mit Wesentlichem auseinanderzusetzen. Bob hätte alles darangesetzt, dem Wolakota-Kindergarten eine Schule anzugliedern. Je mehr Waldorf-Schulen er im Rahmen seiner vielen Auslandreisen besucht hatte, desto mehr wünschte er sich eine solche Ausbildungsstätte für seine Kinder und die Lakota-Kinder im Reservat. Auch viele andere indianische Eltern warten darauf, dass eine Primarschule eröffnet wird.

Bob hatte seine ganze Energie und viel Zeit in den Aufbau unseres Projektes gesteckt. Ob es genug Eltern gibt, die ihn ersetzen können, ist zu diesem Zeitpunkt unklar. Der Wolakota-Waldorf-Vorstand, der aus John Haas, John Around Him, Norman Under Baggage, Saunie, Matilda, Bill und mir besteht, wird weiter an unserem Projekt arbeiten. John Around Him geht im Frühjahr an Bobs Stelle auf eine zweiwöchige Fundraising-Tour nach Europa.

Ich beschäftige mich damit, meine Kinder als Stammesmitglieder registrieren zu lassen. So haben sie später die Möglichkeit, hier zu leben, wenn sie wollen: zu denselben Bedingungen und mit den gleichen Rechten wie alle anderen. Um das Prozedere einzuleiten, müssen wir die indianischen Vorfahren nachweisen. Ein solcher Stammbaum kann in Pine Ridge angefordert werden.

Alle administrativen Dinge sind hier ein ungemein mühseliges Unterfangen. Einmal im Monat trifft sich ein Aufnahmekomitee des Stammes in Pine Ridge. Es entscheidet über die Anträge auf Stammesmitgliedschaft, und wenn genug indianisches Blut in der Familie nachgewiesen werden kann, wird dem Antrag stattgegeben. Im Grunde ist das Verfahren einzig für das Büro für indianische Angelegenheiten von Bedeutung und wurde in dieser Form auch von diesem festgelegt. Denn über das BIA muss die Regierung in Washington allen Stammesmitgliedern freie medizinische Versorgung und Schulen zur Verfügung stellen – wie es den Indianern in den Verträgen zugestanden wurde.

Schließlich wird vom Aufnahmekomitee anhand von Bobs Stammbaum entschieden, dass meine Kinder aufgenommen und offiziell als Stammesmitglieder registriert werden. Sie erhalten alle drei eine Identitätskarte: »Oglala Sioux Tribal member« steht darauf, eine Nummer und daneben das Foto: die Mädchen mit ihrem hellen Teint und der dunkelblond gelockte Clarence mit seinen grünen Augen. Ich möchte meinen Kindern alle Türen offenhalten, ihren rechtlichen Status regeln, und falls sie sich eines Tages entscheiden sollten, im Reservat zu leben, stünde dem nichts im Weg. Ich weiß nicht, welches ihre Heimat sein wird: Indianisches Blut fließt in ihren Adern, sie haben die amerikanische und die schweizerische Staatsbürgerschaft, sie werden ihre Wurzeln dort schlagen, wo ihr Herz sie hinführt.

Noch immer besuche ich täglich Bobs Grab, die Kinder spielen dort mit Erde und Steinen oder pflücken Salbei, den sie auf die Gedenkstätte legen. Sie geben mir jeden Tag neue Kraft, weil sie mich brauchen und weil ich sie liebe. Wenn ich im Reservat bleibe, werde ich den Rest meines Lebens jeden Tag zum Grab gehen. Hier oben fühle ich mich Bob am nächsten. Noch Jahre nach seinem Tod habe ich das Gefühl, dass ein Teil von mir mit ihm fortgegangen ist. Oft denke ich an seine Briefe. Vor allem an den einen, in welchem er schrieb: »Ich glaube wirklich, dass ich ohne dich nicht leben könnte. Wenn du mich je verlassen würdest, würde ich zwar existieren, leben aber würde ich nicht mehr.« Jetzt bin ich es, die zwar existiert, aber es ist ein anderes Leben, und diese Erkenntnis erfüllt mich manchmal mit Wut.

Im Schatten des Adlers

Es ist gleichgültig, wo sein Körper liegt, denn er ist
Gras; wo aber sein Geist ist, da ist gut sein.
Black Elk, Oglala-Lakota

Es gibt ein Leben vor Bobs Tod und eines danach: Das Leben
davor war erfüllt von Vertrauen in das Leben, von Neugierde
auf das Leben. Das Danach ist durch die Trauer getrübt und
die immer wiederkehrende Frage nach dem Warum, auf die es
keine Antwort gibt. Mein größtes Bedürfnis ist es, allein zu
sein. Das Einzige, was mich interessiert, sind meine Kinder
und der Tod. Um ihn zu begreifen und zu verstehen, lese ich
alles, was es zum Thema gibt.

Eines Nachts träume ich, dass ich aus einem Haus hinaus-
trete. Ich schaue auf den Boden und sehe den Schatten eines
großen Vogels auf der Erde. Der Schatten wird immer größer.
Ich erkenne einen Adler und erschrecke. Die riesigen Schwin-

gen wollen mich ergreifen und hinaufheben zu Bob, den ich nicht sehe, aber als Hülle, als Wolke aus Liebe fühlen kann. Ich verschwinde in dieser Hülle, und Bobs Seele ist über das ganze All ausgebreitet. Ich höre mich sagen: »Ich will bei dir bleiben. Ich will nicht mehr zurück.« Bobs warme Stimme klingt so lebendig, und seine Antwort ist klar: »Das geht nicht. Du musst zurück.« Ich bitte ihn inständig: »Ich weiß nicht, was ich ohne dich tun soll«, worauf Bob erwidert. »Wir hatten eine Zeit zusammen, nun musst du deinen Weg finden. Ich helfe dir dabei.«

In diesem Moment stehe ich plötzlich wieder auf der Erde. Bobs Stimme war so nah, so warm, auch so bestimmt. Ein befreiendes Gefühl und eine große Geborgenheit umgeben mich. Ich drehe mich um und gehe ins Haus zurück. Seit diesem Traum geht es mir besser. Ich fühle mich weniger verloren als zuvor.

Ein paar Tage später segnet Richard das Grab. Bei dieser Gelegenheit frage ich ihn, ob er eine Zeremonie durchführen könne. Demut ist der Grundzug der Lakota-Spiritualität. In Zeremonien, in Liedern und in Gebeten wird um diese Eigenschaft gebeten. Richard sagt mir, was ich vorbereiten soll. Bereits das Binden der Tabaksbeutelchen – in jedem ist ein Gebet für die Spirits enthalten – tut mir gut. Ich bereite eine Suppe vor, backe einen Kuchen und fülle große Krüge mit Kaffee und Tee für meine Familie und unsere Freunde.

Ich übergebe Richard Bobs Cannunpa, und in völliger Dunkelheit sitzen wir im Zeremonienhaus auf dem Boden: Bald umgeben uns Trommelklänge und kleine Lichter – die Spirits. Ich versinke in dieser Zeremonie, die Heilung und Versöhnung bringen und mir Kraft und Mut geben soll, alles Geschehene zu akzeptieren. Später essen wir, und ich frage Richard, was ich mit Bobs Cannunpa machen soll. Er antwortet, ich solle sie, in Salbei eingewickelt, in Bobs ledernem Cannunpa-Beutel aufbewahren, und vielleicht werde eines Tages eines von Bobs Kindern die Cannunpa aufnehmen und den Weg der heiligen Pfeife, den roten Pfad gehen. Diesem Kind solle ich sie weitergeben.

Irgendwann kommt Bobs Tante Marie Thunder vorbei. Sie ist eine energische, sehr selbstsichere Lakota-Frau, die kein Blatt vor den Mund nimmt. Marie spricht mich direkt auf meine Pläne an und gibt mir zu verstehen, dass ich hierbleiben solle. »Deine Kinder haben ihre Wurzeln hier, sie gehören hierher«, sagt sie bestimmt. Aber ich frage mich, ob ich im Reservat neu beginnen kann, ohne Bob. Die harten Winter bereiten mir Sorgen. Bob hatte mir die Sicherheit gegeben, in jeder Situation einen Ausweg zu finden. Doch jetzt bin ich allein. Langsam gelange ich zur Überzeugung, dass ich den Neuanfang in der Schweiz versuchen muss, wo meine Eltern mir ihre Unterstützung zugesagt haben.

Die vier älteren Kinder führen ihr eigenes Leben. Robin und Logan gehen nicht mehr zur Schule. Sie trinken Alkohol, nehmen Drogen, sind in Gangs involviert. Sie leben wie die meisten Jungen hier: gefährlich. Jetzt ist niemand mehr da, der ihnen sagt, was sie tun und was sie lassen sollen. Wenn ich sie ermahne, die Schule zu beenden, fragen sie mich: »Wieso? Es gibt doch keine Jobs. Wozu also weitermachen?« Meine Antwort, dass sie mit einer Ausbildung mehr Chancen hätten, halten sie für weltfremd. Wenn wir uns sehen, reden wir über vieles, aber wenn ich etwas sage, was sie nicht hören wollen, ergreifen sie die Flucht. Also meide ich diese Themen und freue mich einfach, wenn sie vorbeikommen.

Die beiden Mädchen wollen ihr Glück in Lincoln – bei Bobs

Schwester – versuchen. Ich bin froh, dass sie nicht in Kyle bleiben, sie wären Janes Trinkerei ausgeliefert. Ich kaufe Constance und Jessy neue Kleider, das Busticket und alles, was sie für die Reise benötigen. Bevor die Mädchen gehen, suche ich mit ihnen zusammen zum ersten und letzten Mal Jane auf. Sie schuldet ihren Töchtern Geld. Nach einem Wortwechsel, bei dem sie behauptet, ich würde ihr noch viel Geld schulden – für jene Tage, an denen die Kinder bei ihr waren –, platzt mir der Kragen. Ich hole tief Atem und halte meine wohl längste Rede über die Rolle einer Mutter, über Verantwortungsgefühl und Ehrlichkeit. Ich sage ihr, was sie selbst weiß: »Ich habe für deine Kinder gesorgt, gekocht, Geburtstagsfeste ausgerichtet und sie gepflegt, wenn sie krank waren. Ich habe sie getröstet, wenn du sie enttäuscht hast: Ich tat es, weil ich deine Kinder liebe.« Die Worte fließen aus meinem Herzen. Jane schweigt wohlweislich.

Nach dem Zwischenfall wieder draußen auf der Straße, strahlt Constance mich an. Ich habe Jane das gesagt, was die Mädchen schon immer dachten, ihr gegenüber aber nie auszusprechen gewagt haben. Bevor sie in den Bus nach Lincoln steigen, sagen mir die beiden, dass alles, was sie in ihrer Kindheit an Gutem und Schönem erlebt hätten, mit mir in Verbindung gestanden habe. Ich sage ihnen, dass die Liebe mit dem Tod nicht aufhört und dass auch das Leben mit dem Tod nicht aufhört. Es findet in einer anderen Form und in einer anderen Welt statt. So wird auch ihr Vater weiterhin bei ihnen sein. Wir trösten uns gegenseitig und trennen uns für längere Zeit. Sie wissen, dass sie immer zu mir zurückkommen können. Jane schickt ihren Töchtern ein paar Tage nach meiner Standpauke tatsächlich das geschuldete Geld.

In der Schweiz

*Der Boden, auf dem wir stehen, ist heilig. Er ist der
Staub und das Blut unserer Ahnen. Noch ein paar
Sommer, ein paar Winter, und auch wir werden nicht
mehr hier sein, unsere Körper werden in diesem Gras-
land liegen und eins werden mit der Erde.*
Plenty Coups, Apsaalooke/Crow

Die vier Großen rieten mir immer wieder eindringlich, ich
solle ihre Halbgeschwister in der Schweiz in die Schule schicken. In meinem Herzen weiß ich, dass es das Beste für ihre
Zukunft wäre. Es ist aber die schwierigste Entscheidung meines Lebens. Soll ich mich verabschieden von der Erde, in der
Bob begraben ist? Meine Lakota-Heimat verlassen? Diesen
Ort, den ich mein Leben lang gesucht hatte und den ich so sehr
liebe? Und was würde aus dem Waldorf-Kindergarten und
dem Schulprojekt werden? Gleichzeitig ahne ich, dass mein
Wegzug unumgänglich ist. Es wird immer deutlicher, dass ich
den Tod von Bob nur überwinden kann, wenn ich von hier
fortgehe. Ich bin es auch Celestine, Caroline und Clarence

schuldig. Ich muss das Leben neu angehen und versuchen, Kraft zu schöpfen. Meine Eltern werden uns helfen. So wie es Bob vorausgeahnt hatte.

Die letzten Wochen vor der Abreise verstreichen schnell, vieles muss erledigt werden. Bob hatte unser Land in die Verwaltung des Stammes gegeben. Da ich kein Stammesmitglied bin, muss es auf meinen Namen umgeschrieben werden. Ein Cousin von Bob will das Haus kaufen. Für den Neuanfang in der Schweiz benötigen wir dringend Geld, so bleibt mir nichts anderes übrig, als in den Verkauf einzuwilligen. Die Hälfte des Bodens – rund 32 Hektar – behalten wir. Es ist das Stück Land, auf dem Bob begraben ist. Hier können wir uns jederzeit wieder niederlassen, tröste ich mich in Gedanken. Der Wolakota-Kindergarten soll weitergeführt werden. Der Vorstand mit John Around Him, John Haas und vielen anderen wird dafür sorgen, und ich werde in der Schweiz tun, was möglich ist.

Seit Bobs Tod sind sechs Monate vergangen. Im August 1997 packen wir unsere Sachen. Noch einmal fahren wir durch die Prärie. Salbei und Kakteen ziehen an uns vorbei. Aus dem Autoradio verabschieden uns Trommelschläge und helle Gesänge. Die Holzhäuser und Trailer, die vereinzelt am Bach stehen, sehen genauso armselig aus wie vor acht Jahren, als ich hier ankam. Mir steigen Tränen in die Augen. Hier fand ich meinen Mann, meine Familie und meine Freunde. Meine Kinder sind hier geboren. Die Lakota nahmen mich auf, gaben mir eine Heimat. Sie haben mit mir gebetet, gelacht und geweint. Sie gaben mir Kraft und begleiteten mich in den schwersten Stunden meines Lebens. Sie werden für immer in meinem Herzen bleiben. Genauso wie Robin, Logan, Constance und Jessy.

Kurz nach Sonnenaufgang landen wir in Zürich. Meine Tante Ruth holt uns am Flughafen ab und fährt uns nach

Luzern. Ich blicke zum Fenster hinaus, die Landschaft strahlt in den schönsten Grünschattierungen. Die solide Ordnung der Straßen, Häuser und sogar der Menschen löst bei mir augenblicklich ein Gefühl der Fremdheit aus. Ich werde vorläufig in einer Dreizimmerwohnung im Haus meiner Eltern leben.

Während die Kinder ihre Großmutter freudig begrüßen, die sie mit einem reichhaltigen Frühstück empfängt, gehe ich sofort unter die Dusche. Ich drehe den Wasserhahn auf und lasse das warme, weiche Wasser über meinen Körper fließen. Ich schließe die Augen und möchte alles abwaschen, was schwer auf mir liegt. Ich möchte meinen Körper wieder so fühlen, wie er früher war: stark und gesund. Vor allem will ich das Licht wieder sehen. Das Licht in mir. Ich möchte aus diesem dunklen Traum herausfinden und aufwachen. Aber alles bleibt dumpf und verloren.

Meine Eltern sind mir in den kommenden Monaten eine unermessliche Hilfe, sie kümmern sich liebevoll um die Kinder und um mich. Celestine wird in der Rudolf-Steiner-Schule eingeschult, genau wie später auch Caroline und Clarence.

Celestine steht an ihrem ersten Schultag in einem schönen Sommerkleid und einer neuen Schultasche vor mir. Gemeinsam machen wir uns auf den Weg. Es sieht aus, als hätten hier alle Kinder Mutter und Vater: Es sind glückliche, scheinbar komplette Familien. Jedes einzelne Kind der neuen ersten Klasse wird aufgerufen und mit einer großen Sonnenblume begrüßt. Ich bin gerührt und stolz. Ich wünschte, Bob könnte seine Tochter jetzt sehen. Solche Augenblicke, in denen wir Bob vermissen, wird es noch Hunderte geben. In Gedanken rede ich oft mit ihm. Das hilft mir, mich weniger allein zu fühlen.

Celestine liebt ihren neuen Alltag, sie findet sofort Freundinnen, ist beliebt und gesprächig. Ich verbringe die Tage damit, sie in die Schule zu bringen, mache den Haushalt, koche, putze, ich streiche die ganze Wohnung neu, hole Celestine wieder ab und gehe mit den Kindern spazieren. Für die Wolakota-Waldorf-Schule arbeite ich unermüdlich weiter. Vor allem nachts schreibe und telefoniere ich stundenlang. Ich bleibe in engem Kontakt mit dem Wolakota-Kindergarten.

Ich telefoniere viel mit Jessy und Constance, auch mit Robin und Logan bleibe ich in Verbindung. Die Mädchen können sich lange nicht entscheiden, ob sie in Lincoln bleiben oder zu Jane nach Kyle zurückkehren sollen. Auch, dass sie in die Schweiz kommen, ist eine Option, aber schließlich entscheiden sich Constance und Jessy, bei ihrer Tante zu bleiben, und machen ihren Schulabschluss am Ende der zwölften Klasse. Das erste Jahr, in dem wir voneinander getrennt sind, ist für alle sehr schwierig, und viele folgende werden es auch sein.

Durch meine langjährige Abwesenheit sind die Beziehungen zu den meisten Schweizer Freunden abgebrochen. E-Mail gab es damals im Reservat noch nicht, Telefonverbindungen in die Schweiz waren sehr teuer. Oft sind die Kinder und ich jetzt allein. Obwohl mich meine älteste Freundin Sabine durch die schwere Zeit begleitet und ich in den kommenden Jahren neue Freunde und Freundinnen finde, plagt mich das Heimweh nach meinem Lakota-Land. Die Erinnerungen bieten keinen Trost, sie schmerzen eher. Die geliebten Lakota-Lieder ertrage ich hier nicht, die Musikkassetten sind irgendwo in einer Kiste verstaut, ebenso wie unsere Hochzeitsdecke mit der Adlerfeder. Nur die Tasche mit den Glasperlen und dem indianischen Muster, die ich als Jugendliche genäht hatte, hängt wieder an einem Nagel in meinem Schlafzimmer und erinnert mich an das Land meiner Träume.

Im Sommer 1998, ein Jahr nachdem wir Kyle verlassen haben, kehre ich mit den Kindern für Bobs »Memorial-Zeremonie« in das Pine-Ridge-Reservat zurück. Es ist üblich, dass die Familie ein Jahr nach dem Tod eines geliebten Menschen eine Gedenkfeier abhält. Dieses »Give-away« ist ein alter Brauch, dabei verschenkt die Familie so viele Sachen wie möglich. Eliane, eine Freundin, reist glücklicherweise mit uns. Sie ist mir bei den Vorbereitungen behilflich. Celestine freut sich so sehr auf den Besuch in der alten Heimat, dass sie Wochen zuvor kaum noch schlafen kann. Caroline ist verunsichert und hat Bedenken, die Schweiz zu verlassen. Clarence ist gut zwei Jahre alt, und solange er bei mir sein kann, ist er sowieso zufrieden. Meine Gefühle sind zwiespältig: Ich freue mich auf eine kurze Rückkehr, die mich gleichzeitig ängstigt.

In Kyle angekommen, rollen wir im Wolakota-Kindergarten unsere Schlafsäcke aus. Bobs Kinder sind da. Auch die beiden ältesten, Daron und Laura, samt ihren Kindern. Bobs Verwandtschaft und alle, die Bob kannten, sind willkommen, um an dieser Feier teilzunehmen. Als Geschenke haben wir Wolldecken, Küchentücher, Stoff, viel Tabak und Starquiltdecken, die Bobs Tanten genäht haben, vorbereitet.

Am 22. Juli – es wäre Bobs Geburtstag – stehen wir alle an seinem Grab auf dem kleinen Hügel beim American Horse Creek. Es ist ein heißer Tag. John Around Him führt die Zeremonie durch. Trommeln erklingen, Gesänge heben an. Während John Around Him ein Gebet spricht, stößt mich mein Schwager Jim sachte an und weist mit dem Kopf zum Himmel: Weit über uns drehen zwei Weißkopfadler mit ausgestreckten Schwingen lautlos ihre Kreise. Sekunden später sind die Boten zwischen Wakan Tanka, dem großen Heiligen, und der Erde wieder verschwunden.

Nach der Zeremonie fahren wir zum Wolakota-Kindergarten, Dutzende von Autos sind auf dem Vorplatz geparkt, bereits von weitem sehen wir die in der Sonne reflektierenden Blechdächer. Celestine ruft aufgeregt: »Mama, davon habe ich immer wieder geträumt: dass auf dem Land neben dem Kindergarten viele, viele Autos stehen.« In einer Erdmulde lodert ein offenes Feuer, auf dem ein großer Topf Fleischsuppe brodelt. Bobs Cousine und andere Verwandte haben die Mahlzeit vorbereitet.

Nach dem Essen sitzen alle auf Stühlen in einem großen Kreis. Die alten Frauen schützen sich mit aufgespannten Regenschirmen vor der prallen Sonne. Die Männer stellen die Trommeln auf und singen. Bei den Liedern handelt es sich um Gebete, die von Generation zu Generation weitergegeben werden. Unterstützt von den Trommeln tragen sie die Seele des Volkes weiter. Zwischendurch erzählen Freunde und Verwandte von Begegnungen und Erlebnissen mit dem Verstorbenen.

Am Ende der Feier findet die Beschenkung, das Give-away, statt, dafür breiten wir die zahlreichen Starquilts auf dem Prärieboden aus. Die Kunstwerke bedecken schließlich eine große Fläche. Der erste Starquilt wird demjenigen geschenkt, den man in besonderer Weise ehren will. Er geht an John Around Him. John war mir in der Zeit nach Bobs Tod und auch bei den Vorbereitungen zur Gedenkfeier eine unermessliche Hilfe. Für seine Freundschaft werde ich ihm immer dankbar sein. Die restlichen Geschenke sind in Waschkörben verstaut. Celestine und Caroline machen die Runde und verteilen alles.

Als die Zeremonie beendet ist, umarmt mich John Around Him mit den Worten: »Jetzt bist du frei, Isabel.« Er dreht sich um und geht. Ich weiß, was er meint. Wenn ein Lakota stirbt, soll die Frau ein Jahr lang keinen Mann haben. Mehr als ein Jahr ist vergangen, aber frei fühle ich mich nicht. Noch lange nicht. Die folgenden Tage verbringe ich mit erneutem Abschiednehmen. Von Freunden und einem Teil meiner Familie. Von unserem Hügel mit dem einsamen Baum. Eine Woche später rollt das Flugzeug über die Startbahn von Rapid City. Wir heben ab und tauchen in das endlose Blau eines wolkenlosen Himmels. Ich weiß nicht, ob ich mit meiner Rückkehr in die Schweiz die richtige Entscheidung getroffen habe. Aber eines weiß ich in diesem Moment mit Gewissheit: Eines Tages werde ich zurückkehren.

Epilog

Wanna waki – Jetzt kehre ich heim

Unsere Toten vergessen diese wunderbare Erde nie,
denn sie ist des roten Mannes Mutter. Wir sind ein Teil
der Erde, und sie ist ein Teil von uns. Die duftenden
Blumen sind unsere Schwestern, die Rehe, das Pferd,
der große Adler sind unsere Brüder. Die felsigen Höhen,
die saftigen Wiesen, die Körperwärme des Ponys – und
des Menschen –, sie alle gehören zur gleichen Familie.
Häuptling Seattle, Duwamish

Es ist Anfang August 2008: Ich sitze auf dem kleinen Hügel hinter dem Lakota-Waldorf-Kindergarten. Die Sonne versinkt am Horizont. Wohin mein Auge reicht, sehe ich die geliebte Prärie. Mein Herz fühlt sich leicht und glücklich an. »Wanna waki« heißt auf Deutsch: »Jetzt kehre ich heim.« Seit einem Monat lebe ich zusammen mit den drei Kindern wieder im Pine-Ridge-Reservat. Wir sind in das Land der Lakota heimgekehrt. Die erste Woche campierten wir beim Sonnentanz-Gelände, anschließend kamen wir in den Räumlichkeiten des Lakota-Waldorf-Kindergartens unter.

Vor fünf Jahren hat John Around Him den Namen der Wolakota-Waldorf-Schule geändert: Sie heißt heute Lakota-

Waldorf-Schule. Vorübergehend war der Kindergarten geschlossen. Das Gebäude musste dringend renoviert werden, aber es fehlte an Geld. Inzwischen ist es so weit: Die Fassade hat einen neuen Anstrich erhalten, der Boden ist neu gelegt, die Räume sind gestrichen und instand gesetzt worden. Es sieht schön und frisch aus. Wenn ich von meinem Aussichtsplatz gegen Norden blicke, erkenne ich zwischen sanften Hügeln Männer, die ein Holzhaus bauen: unser Daheim. Elf Jahre sind vergangen, seit Bob gestorben ist.

Während meiner Abwesenheit wurde das Schulprojekt weiterverfolgt. Kurz nach meinem Wegzug gab es verschiedene Klassen, die Jahre später – aus Geldnot – wieder aufgelöst werden mussten. Ein Freundeskreis aus der Schweiz, Deutschland und Holland unterstützt unsere Arbeit weiterhin. Dank seinem Beitrag konnte der Kindergarten renoviert werden, der Ort, der für die Vorschulkinder ein Platz der Geborgenheit, der Freude, der Kreativität und der Entwicklung ist. Wir setzen alles daran, dass in den nächsten Jahren eine erste Klasse und weitere Schulklassen dazukommen werden. Es sind neue Menschen aus dem Reservat dazugestoßen, die das Projekt verwirklichen wollen und neue Impulse geben.

Die elf Jahre in der Schweiz gaben mir Ruhe und Kraft. Ich lebte mich ein, gewann neue Freunde, begann den Verlust von Bob zu verarbeiten. Ich absolvierte ein Studium in Fundraising Management, damit ich an der Entwicklung und Finanzierung der Lakota-Waldorf-Schule künftig professioneller arbeiten kann, und verbrachte viel Zeit mit Schreiben. Und zusammen mit Freunden gründeten wir die Lakota-Stiftung in der Schweiz. Sie unterstützt durch Lakota initiierte Schulprojekte und natürlich vor allem die Lakota-Waldorf-Schule. Das wertvollste Gut der Lakota – ihre Kultur und ihre Sprache –

soll auch den zukünftigen Generationen erhalten bleiben. Die Lakota-Stiftung ist ein Meilenstein sowohl in der Unterstützung der Schule als auch für mich persönlich. Ich freue mich, dass es gelungen ist, das Projekt, an dem ich mit Bob und den anderen Gründungsmitgliedern zusammen gearbeitet habe, in die Zukunft zu tragen.

Aber die Sehnsucht nach meinem Land zehrte mich beinahe auf. Immer öfters reisten wir nach Kyle. Schließlich wollten auch die Kinder – sie sind jetzt siebzehn, fünfzehn und zwölf Jahre alt – zu ihren indianischen Wurzeln zurück: Celestine, Caroline und Clarence werden voraussichtlich die Red-Cloud-Indian-School in Pine Ridge besuchen. Sie sei inzwischen die beste Schule in diesem Indianer-Reservat, wie mir meine Lakota-Freunde versichern.

Mit Bobs Kindern blieb ich die ganze Zeit in Kontakt. Die Mädchen – es sind jetzt erwachsene Frauen Ende zwanzig – nennen mich noch immer »Mom«. Jessy hat ein Töchterlein und absolviert eine Ausbildung zur Lehrerin; Constance lebt mit dem Vater ihrer zweiten Tochter zusammen. Auch Robin hat einen Job und eine kleine Familie. Nur Logan ist ein rastloser Nomade geblieben, den auch seine Geschwister nur selten zu Gesicht bekommen.

Andere Wegbegleiter sind in der Zwischenzeit nicht mehr da. Mein Vater verstarb kürzlich, drei Tage nach Bobs elftem Todestag. John Around Him starb vor zwei Jahren an Krebs. Und viele andere unserer Lakota-Freunde – Norman Under Baggage, Emmet American Horse, Dean Two Eagle – gingen auf die Reise in die geistige Welt. Die Lakota sagen, wenn jemand stirbt, dann geht er heim.

Ich berichte über meine Erfahrungen, schildere, wie ich es erlebt, gehört und wie ich es verstanden habe. Viele Menschen, vor allem meine Lakota-Freunde, halfen mir dabei, indem sie mir aus ihrem Leben erzählten, mir mit Rat und Tat zur Seite standen und mich ermutigten, alles aufzuschreiben. Die Prärie hat viele Farben, und die Kultur eines Volkes lebt und ändert sich mit den Menschen, die kommen und gehen. Aber es gibt Dinge, die immer weiterleben: Es sind jene Dinge, die wir nicht sehen.

Geschichtlicher Hintergrund der Lakota

»Solange das Gras wächst und Wasser in den Flüssen
fließt und die Sonne scheint« – diese Worte wurden in
die Verträge geschrieben. Wir glauben sie immer noch.
Wir warten, bis der weiße Mann seine Seite einhält.
Oren Lyons, Onondaga

Um 1850 waren die meisten Indianer-Stämme im östlichen und westlichen Teil Nordamerikas entweder dezimiert oder von den europäischen Einwanderern vertrieben und in die Reservate gezwungen worden.

Als 1869 der amerikanische Bürgerkrieg ausbrach, waren bereits zwei Drittel aller Indianervölker Nordamerikas vernichtet, und die kriegerischen Auseinandersetzungen mit den Prärievölkern standen erst am Anfang.

Aber bis zur Mitte des 19. Jahrhunderts lebten die Prärie-Indianervölker im Gebiet westlich des Mississippi noch relativ ungestört. Prärie-Stämme wie die Lakota, Arapaho, Cheyenne, Kiowa, Crows und andere zogen als Nomadenvölker über die Plains und Prärien, die zwischen dem Missouri und den Rocky Mountains, zwischen der kanadischen Grenze im Norden und dem heutigen Kansas im Süden, liegen. Die Lakota lebten hauptsächlich im Gebiet der heutigen Staaten Montana, Wyoming, Süd- und Nord-Dakota und Nebraska.

Ursprünglich lebten die Lakota weiter östlich, im heutigen Minnesota; der Name Minnesota stammt aus der Sioux-Sprache und bedeutet »viel Wasser« (mni: Wasser; ota: viel). Die Stämme Ojibwa und Chippewa, die bei den großen Seen von Michigan und Wisconsin lebten, nannten ihre ungeliebten nachbarlichen Stämme »Nadowei-ssiu«, »Feinde«, wörtlich: »Schlangen«. Die Franzosen übernahmen diese Bezeichnung und machten »Ssiu« beziehungsweise »Sioux« daraus: Die korrekte Bezeichnung lautet jedoch Lakota.

Anfang des 18. Jahrhunderts mussten die Lakota dem Druck der östlichen Indianerstämme weichen, die ihrerseits von europäischen Einwanderern gegen Westen verdrängt wurden. So drangen die Lakota von den großen Seen weiter westlich in die Prärie vor, in das Gebiet der Crow und Pawnees: Daraus entstand eine jahrhundertelange Feindschaft. Die Lakota entwickelten sich in der Folge zu einem der größten und mächtigsten Stämme in den Plains und prägten unser Bild vom »Prärie-Indianer«.

Sie hatten sich zu den »Ocheti sakowin« – den »Sieben Ratsfeuern« – organisiert und verfügten über gut funktionierende gesellschaftliche, politische und auch wirtschaftliche Strukturen. Die Ocheti sakowin bestehen aus drei sprachlich sowie geografisch unterschiedlichen Hauptgruppen: den Dakota im Osten – im Gebiet des östlichen Süd-Dakota bis Minnesota; den Nakota im mittleren Süd-Dakota; und die größte Gruppe, diejenige, die am weitesten in den Westen zog, sind die Lakota, auch Tetonwan genannt, abgekürzt Teton-Lakota. Lakota heißt übersetzt »Verbündete, Freunde«. Die Teton-Lakota wiederum teilten sich mit der Zeit in sieben Unterstämme: die Sicangu (auch Brulé genannt), die Oohenumpa (Two Kettles), die Sihasapa (Blackfeet), die Itazipko (Sans Arcs / No Bows), die Hunkpapa, die Minneconjou und die Oglala. Die Oglala waren die größte Gruppe der Teton-Lakota. Oglala heißt: »Die sich zerstreuen«.

1840 erklärte Präsident Andrew Jackson das Gebiet westlich des Mississippi offiziell zum »Indianer-Territorium« und den Mississippi zur »ewigen Grenze«. In den folgenden Jahren drangen trotzdem immer mehr Siedler und Militärtruppen in die Prärie und die Plains vor, die von den letzten freien indianischen Völkern bewohnt und verteidigt wurden. Die Spannung entlud sich, als im Sommer 1841 ein Streit wegen einer Kuh ausbrach. Damals zogen Mormonen durch die Plains in Richtung Utah. Eine Kuh, die aus der Kolonne ausgebrochen war, wurde von einem Lakota – der sich auf der Jagd befand – abgeschossen. Vermittlungsversuche, die der angesehene Lakota Old Man Afraid Of His Horses unternahm, scheiterten. Selbst als man drei Pferde als Entschädigung für den Verlust anbot, bestand der Mormone auf der Festnahme des Jägers durch die Armee. Als die Soldaten in das Camp der Lakota eindrangen, kam es zu einem Gefecht, bei dem alle Soldaten umkamen. Die Armee zog in einem Racheakt in ein friedliches Sicangu-Lakota-Lager von Little Thunder und tötete Frauen genauso wie Kinder. Der Krieg war ausgebrochen.

Als 1848 in Kalifornien Gold gefunden wurde, zogen lange Wagenkolonnen mit Tausenden von Siedlern durch die Prärie und die Plains: mitten durch das gesetzlich definierte Indianer-Territorium. Acht Jahre nachdem Präsident Jackson den

193

Mississippi als »ewige Grenze« zum Indianer-Territorium bestimmt hatte, wurde sie bereits wieder aufgelöst. 1850 wurde auch in Colorado Gold gefunden, und im Mittleren Westen nahm das Unheil seinen Lauf.

1864 erließ der Gouverneur von Colorado eine Proklamation, welche »die Bürger von Colorado ermächtigte, feindliche Indianer der Prärie zu verfolgen und zu töten«. Daraufhin reisten sieben Anführer der Cheyenne und Arapaho nach Denver, um mit Gouverneur Evans und Colonel Chivington Frieden zu schließen. Vergeblich. Gouverneur Evans' Worte lauteten: »Was soll ich mit dem dritten Colorado-Regiment machen, wenn ich Frieden schließe? Es ist aufgestellt worden, um Indianer zu töten, und es muss Indianer töten.«

Und das taten sie auch: Im Morgengrauen des 29. November 1864 griffen die Soldaten unter Colonel Chivington ein großes Lager der Cheyenne und Arapaho am Sand Creek an. Rund 35 Krieger befanden sich unter den 600 Frauen und Kindern, die übrigen Männer waren auf Büffeljagd. Nur wenige überlebten das Sand-Creek-Massaker. Nach diesem schrecklichen Ereignis teilten sich die Cheyenne und Arapaho auf. Eine Gruppe blieb im Süden, der Rest zog sich in den Norden zurück und schloss sich mit den Northern Cheyenne, Arapaho und verschiedenen Lakota-Gruppen zusammen.

Auch in den nördlichen Plains gab es bald Krieg um das dortige Indianer-Territorium (das heutige Süd- und Nord-Dakota, Montana, Wyoming und Nebraska). Im August 1865 zogen drei große Militärkolonnen aus verschiedenen Himmelsrichtungen in das Gebiet der Black Hills (Paha Sapa) und in die Gegend am Powder River. Bei einem Blitzüberfall der Armee auf ein Arapaho-Lager am Tongue River wurden erneut viele Frauen und Kinder getötet.

Das Militär hatte den Auftrag, aus einer alten Route, die das südliche Colorado mit dem Norden, dem heutigen Montana, verband, eine auch für Fahrzeuge passierbare Straße zu machen. Diese Straße, der Bozeman Trail, führte mitten durch die letzten Jagdgründe der Plains-Stämme, der Teton-Lakota, Cheyenne und Arapaho. Die Indianer waren entschlossen, ihr Land oder was davon übrig geblieben war, bis zum bitteren Ende zu verteidigen. In diesen Kämpfen traten starke Persönlichkeiten wie der Hunkpapa-Lakota Sitting Bull (Tatanka Iyotake), Crazy Horse (Tasunke Witko), Red Cloud (Mahpiya Luta), Young Man Afraid Of His Horses von den Oglala-Lakota sowie viele andere hervor. Obwohl die Siedler und Militärs, die mit dem Bozeman Trail nach Norden zogen, immer wieder angegriffen wurden, errichteten sie ein Fort nach dem anderen. Es folgten Kämpfe, in denen die Indianer bedeutende Siege davontrugen, worauf unweigerlich Rachezüge der Armee und der Siedler folgten.

1867 wurde die Union-Pacific-Eisenbahnlinie gebaut, die durch Nebraska führte. Washington versuchte, Verhandlungen aufzunehmen, um den Krieg, der als Red-Cloud-Krieg bekannt wurde, zu beenden. Jedoch scheiterten alle Verhandlungen an der Forderung Washingtons, wonach die Lakota in ein Reservat beim Missouri River hätten ziehen müssen. Die Prärie-Indianer ihrerseits bestanden auf der sofortigen Schließung des Bozeman Trail, der mitten durch ihr Territorium führte, die Wanderwege der Büffelherden durchbrach und somit ihre wichtigste Lebensgrundlage gefährdete.

In den Sechziger- und Siebzigerjahren des 19. Jahrhunderts wurden auf den Plains und in der Prärie rund vierzig Millionen Büffel von Weißen getötet, die Kadaver wurden liegen gelassen, Büffelzunge als Delikatesse in der amerikanischen

Gesellschaft gehandelt: Die Indianerstämme wurden so langsam, aber sicher ihrer wichtigsten Lebensgrundlage beraubt.

Häuptling Red Cloud drückte die Gefühle aller aus, als er sagte: »Der große Vater hat seine Soldaten hierher geschickt, damit sie Blut vergießen. Ich habe nicht mit dem Blutvergießen begonnen. Wenn der große Vater sie von meinem Land fernhält, wird es Frieden geben, doch wenn sie mich belästigen, wird es keinen Frieden geben. Der große Geist hat mich in diesem Land erschaffen, und er hat euch in einem anderen Land erschaffen. Es ist mein fester Wille, dieses Land zu behalten.«

Red Cloud und seine Verbündeten weigerten sich, zu weiteren Verhandlungen mit der Kommission zu erscheinen, solange die Forts in ihrem Gebiet noch in Betrieb waren, worauf sich das Kriegsministerium gezwungen sah, die drei am Powder River räumen zu lassen. Die Soldaten zogen sich in den Süden zurück – jedoch nicht für lange. Die Lakota brannten die verlassenen Forts nieder, der Bozeman Trail durch die nördlichen Plains wurde geschlossen. Die Lakota und ihre Verbündeten hatten einen wichtigen Sieg errungen.

1868 trafen sich in Fort Laramie verschiedene Häuptlinge der Prärie-Stämme zur Unterzeichnung eines Friedensvertrages. Das ganze Gebiet der nördlichen Prärie, inklusive der Black Hills, des westlichsten Teils des heutigen Süd-Dakota, der Big Horn Mountains und des Powder-River-Gebiets, sollte als Indianer-Territorium anerkannt werden, und die Regierung der Vereinigten Staaten versprach, dafür zu sorgen, dass die Grenzen eingehalten würden. In diesem Vertrag steht: »Es ist keiner weißen Person gestattet, sich in irgendeinem Teil des Territoriums anzusiedeln oder niederzulassen oder dasselbe ohne Einwilligung der Indianer zu passieren.«

Es gab allerdings einflussreiche Häuptlinge und viele La-kota, die konsequent gegen jede Art von Verhandlungen waren, darunter der Oglala-Lakota Tasunke Witko – auch unter dem Namen Crazy Horse bekannt. Er und seine Mitstreiter hatten sich nie an Verhandlungen beteiligt, keine Verträge unter-schrieben und folglich auch nie ihr Einverständnis zu irgend-welchen Abkommen gegeben.

1870 wurden einige Teton-Lakota mit den Häuptlingen Red Cloud und Spotted Tail nach Washington zu einer Bespre-chung mit Präsident Ulysses Grant und seinen Ministern ein-geladen. Hier erfuhren sie, dass die Regierung nicht vorhatte, sich an die vertraglichen Abmachungen zu halten, sondern nach wie vor alle Lakota in einem Reservat am Missouri (im heutigen Süd- und Nord-Dakota) unterbringen wollte. Die Lakota bestanden auf dem Vertrag von Fort Laramie und dar-auf, das Gebiet am Powder River – ihre letzten Jagdgründe, die sich nur noch über die Gegend von Montana, Wyoming, Süd- und Nord-Dakota erstreckten – zu behalten.

Schließlich erreichten sie eine Änderung des Vertrages. Er besagte nun, dass sie das Land am Powder River als Jagd-gründe behalten dürften, nicht im Reservat leben müssten und dass man ihnen eine Agentur als Handelsposten bei Fort Lara-mie errichten würde. Diese Agentur wurde – wegen der gro-ßen Flut weißer Siedler – wenig später nach Norden verlegt. Vom neu errichteten Fort Robinson aus konnte das Militär die gesamte Region überwachen.

Im Fort-Laramie-Vertrag von 1868 wurden die Black Hills den Indianern zugesprochen. Trotzdem drangen kurz danach die ersten Goldgräber in die Black Hills, die Paha Sapa, ein. Die Regierung unternahm nichts, um die Eindringlinge aus dem Indianer-Territorium fernzuhalten, sondern schickte zusätzlich Militär in die Gegend. 1871 beschloss der Kongress, keine weiteren Verträge mit den indianischen Völkern abzuschließen, und nahm ihnen hiermit ihr Recht, als souveräne Nation und Verhandlungspartner anerkannt zu werden.

1874 wurde General Custer mit dem 7. Kavallerieregiment in die Black Hills gesandt, um Vermessungstruppen zu begleiten, welche an einer neuen Eisenbahnlinie arbeiten sollten. In Wirklichkeit sollten sie herausfinden, ob in den Black Hills – wie vermutet – viel Gold liege. General Custer war kein Unbekannter, er hatte bereits 1868 Black-Kettles-Cheyenne am Washita River massakriert. Die Indianer nannten ihn deshalb »squaw killer« – Frauentöter. Nun berichtete Custer, dass die Black Hills »von den Graswurzeln an abwärts« viel Gold bergen, eine Botschaft, die natürlich Tausende weitere Siedler anzog.

Eine Kommission wurde zu den Indianern gesandt, um sie zu überreden, die Black Hills – ihre heiligen Paha Sapa – abzutreten. Zu den Verhandlungen erschienen zwar über 20 000 Indianer, doch Crazy Horse und andere nahmen weiterhin weder an Verhandlungen teil noch unterschrieben sie Verträge. Die meisten Indianer wussten, dass im Vertrag von 1868 die wichtigste Klausel folgende war: »Keine Vereinbarung über die Abtretung eines Teils dieses Reservats hat Gültigkeit oder Rechtskraft, wenn sie nicht von mindestens drei Vierteln aller erwachsenen männlichen Indianer, die in demselben wohnen oder daran interessiert sind, unterzeichnet wird.«

Wie erwartet war die Kommission erfolglos. Kein Prärie-Stamm war bereit, über die Black Hills zu verhandeln, sie zu verkaufen oder zu verpachten. Daraufhin beschloss die US-Regierung, dieses Gebiet mit Gewalt in Besitz zu nehmen, und beauftragte das Kriegsministerium, militärische Aktionen gegen die »feindseligen Sioux« einzuleiten.

Allen Indianern wurde die Frist gesetzt, sich bis am 31. Januar 1876 in den Agenturen zu melden; dieser Frist leisteten sie keine Folge. Am 17. März griff General Crook ein Lager am Powder River an, wo sich Cheyenne und Oglala aufhielten. Diejenigen, die nicht umkamen, flohen zum Rosebud-Fluss, wo sich schon andere Gruppen niedergelassen hatten. Darunter Crazy Horse mit seinen Oglala, Sitting Bulls Hunkpapa, die Cheyenne, die Sicangu-, Itazipko- und Sihasapa-Lakota. Am 17. Juni schlugen diese Krieger die Truppe von General Crook zurück und zogen weiter zum Little Big Horn (eine Gegend im heutigen Montana), wo es viel Wild zum Jagen gab. Die Tipi-Lager der rund 4000 Indianer erstreckten sich über viele Kilometer.

Am 25. Juni griff General Custer dieses Camp an, in dem sich Familien, Frauen, Kinder, Alte, aber auch alle großen Häuptlinge und viele Krieger aufhielten. An diesem Tag erfuhr die US-Armee eine vernichtende Niederlage. Das gesamte 7. Kavallerieregiment fiel und mit ihm General Custer. Die Indianer wussten, dass dies nicht nur ein großer Sieg war, sondern weitere Aktionen vonseiten der US-Armee zur Folge haben würde.

Die Entrüstung der amerikanischen Bevölkerung nutzend, betrachtete sich die US-Regierung nun legitimiert, allen existierenden Verträgen zuwiderzuhandeln und das Land endgültig in ihren Besitz zu nehmen. Washington übergab General Sheridan das militärische Kommando und unterwies ihn, alle Indianer als Kriegsgefangene zu behandeln.

Bereits am 15. August wurde ein neues Gesetz erlassen: Die Indianer sollten alle Rechte auf das Land am Powder River und die Black Hills verlieren, weil sie – so lautete die Anschuldigung – den Vertrag von 1868 gebrochen hätten und gegen die Vereinigten Staaten in den Krieg gezogen seien. Eine Kommission wurde von Washington in die Reservate geschickt, um jene Indianer, die sich bereits dort niedergelassen hatten, unter Androhung von Nahrungsmittelentzug zur Unterzeichnung zu zwingen.

Die Prärie-Stämme betrachteten den Landabtretungsvertrag als ungültig, da die Mehrheit nicht unterschrieben hatte. Trotzdem zog die Armee aus, um jene Gruppen, die sich nach der Schlacht am Little Big Horn in verschiedene Richtungen aufgelöst hatten, zu vernichten. Am 9. September griffen Soldaten bei Slim Buttes eine Gruppe Lakota mit ihrem Anführer American Horse an. In diesem Kampf wurde der legendäre Häuptling getötet.

Auch Sitting Bull wurde in verschiedene Kämpfe mit der Armee verwickelt. Nachdem er den ganzen Winter über auf der Flucht gewesen war, zog er mit seinen Anhängern schließlich nach Kanada. »Was haben wir getan, dass die Weißen uns vernichten wollen? Wir ziehen im ganzen Land umher, doch sie verfolgen uns von einem Ort zum andern«, waren seine Worte. Den Winter 1876/77 verbrachten die Indianer dauernd auf der Flucht vor dem Militär, sie konnten keine Wintercamps mehr aufbauen oder Vorräte anlegen, da die Büffelherden fast gänzlich ausgerottet waren.

Schließlich wurde Häuptling Red Cloud als Vermittler zu Crazy Horse geschickt, um ihm mitzuteilen, dass General Crook verspreche, ihm das Powder-River-Gebiet als Reservat zu überlassen, wenn er sich in Fort Robinson melde. Angesichts seiner Gefolgschaft – rund tausend Oglala, die erschöpft und ausgehungert waren – begab sich Crazy Horse auf den Weg nach Fort Robinson. Als ihn die Soldaten dort abführen wollten, wehrte er sich und wurde mit einem Bajonett erstochen. Man schrieb den 5. September 1877. So starb, erst 35-jährig, eine der letzten großen indianischen Leitfiguren, ein Symbol für Freiheit und Unnachgiebigkeit.

Im darauf folgenden Herbst wurden die Lakota in ein Reservat östlich der Black Hills und westlich vom Missouri River gezwungen. Zehn Jahre nach der Unterzeichnung des Vertrages von Fort Laramie hatten die Teton-Lakota das Land am Powder River, die Big Horn Mountains und die Black Hills verloren.

1881 kehrte Sitting Bull, von Heimweh nach seinem Land getrieben, mit fast 2000 Lakota aus dem kanadischen Exil zurück. Kurz darauf wurde er verhaftet und später in die Standing-Rock-Reservation in Süd-Dakota gebracht.

1887 setzte die Regierung in Washington ein neues Gesetz in Kraft: Jede indianische Familie erhielt rund 65 Hektar Land (160 Acres) zu persönlichem Eigentum. Was übrig blieb, wurde zu günstigen Preisen an weiße Siedler verkauft. Es war ein Versuch, aus den Sioux sesshafte Bauern zu machen und die kulturellen, gesellschaftlichen und wirtschaftlichen Strukturen der amerikanischen Ureinwohner aufzulösen.

1889 wurde das große Sioux-Reservat zerstückelt und in viele kleine Gebiete aufgeteilt. Die Oglala erhielten das Pine-Ridge-Reservat, die Hunkpapa kamen in das Standing-Rock-Reservat, die Sicangu in das Rosebud-Reservat. Im Cheyenne-River-Reservat wurden die Minneconjou, Oohenumpa, Itazipko und Sihasapa angesiedelt. Auch die anderen Dakota- und Nakota-Stämme lebten von nun an in Reservaten. Sie liegen alle im heutigen Süd-Dakota. Im gleichen Jahr wurde der Staat Süd-Dakota gegründet. Durch den Dawes Act, auch »General Allotment Act« genannt, verloren die Indianer in den USA erneut rund 364 000 Quadratkilometer Land. Ihr Landbesitz wurde zwischen 1887 und 1932 von 560 000 Quadratkilometern auf 195 000 Quadratkilometer reduziert.

Im Herbst 1890 sorgte die Nachricht von einer »Geister-
tanz«-Bewegung für Unruhe in den Reservaten. Ein Paiute-
Indianer namens Wovoka aus Nevada verkündete, dass im
Frühjahr, wenn das Gras zu wachsen beginne, alle Toten und
alle Bisons wieder zurückkehren würden, wenn die Indianer
den »Ghost Dance« tanzten.

Bereits 1883 hatte die US-Regierung die Ausübung sämt-
licher indianischen spirituellen Zeremonien untersagt (das
Verbot wurde erst 1978 mit dem American Indian Religious
Freedom Act aufgehoben). Die Agenten des Büros für indianische Angelegenheiten (BIA) befürchteten einen Aufstand
und verlangten nach militärischer Unterstützung, um den friedlichen Tanz der Lakota zu stoppen. Eine der Leitfiguren der
Bewegung – Kicking Bear – wurde verhaftet.

Obwohl Sitting Bull der »Ghost Dance«-Bewegung skeptisch gegenüberstand, wurde General Miles beauftragt, auch
ihn festzunehmen. Am 15. Dezember 1890 standen einige Dut-
zend Polizisten vor seiner Hütte im Standing-Rock-Reservat.
Beim Versuch, Sitting Bull festzunehmen, wurden er und sein
Sohn getötet. Aber seine Worte leben weiter:

*»Brüder, seht, es ist Frühling geworden. Die Sonne hat die
Erde umarmt. Alle Samen sind erwacht, alle Tiere haben neu
zu leben begonnen. Von dieser großen, geheimnisvollen Kraft
stammt auch unser Leben. Daher gewähren wir all unseren
Nachbarn, selbst den Tieren, das gleiche Recht, das auch wir
beanspruchen: das Recht, in diesem Land zu leben. Jetzt aber
haben wir es mit einer anderen Art von Menschen zu tun.
Klein und schwach waren sie, als unsere Väter sie kennen lernten, aber nun sind sie groß und anmaßend geworden. Die Liebe
zum Besitz ist eine Krankheit, an der sie alle leiden. Sie haben
viele Gesetze gemacht, die die Reichen brechen dürfen, die*

Armen aber nicht. Das Volk der Weißen gleicht einem Fluss, der im Frühling über die Ufer tritt und alles in seinem Umkreis zerstört.«

Ein Teil der Hunkpapa-Lakota floh nach Sitting Bulls Tod zu Big Foots Minneconjou-Gruppe. Als Big Foot von Sitting Bulls Tod hörte, begab er sich – schwer krank – mit rund 350 Leuten auf den Weg nach Pine Ridge. Von der dortigen Agentur erhoffte er sich Schutz. Beim Porcupine Creek traf er auf das 7. Kavallerieregiment. Major Whitesides Truppe brachte Big Foot und seine Gefolgschaft zum Wounded Knee, um ihnen Waffen, Gewehre und Pferde abzunehmen. Dort erhielt die Armee Verstärkung von Colonel Forsyth und seiner Truppe. Die Lakota-Männer mussten sich alle besammeln und die wenigen Waffen, die sie noch besaßen, abgeben. Danach begann das Massaker, bei welchem über 300 Männer, Frauen und Kinder niedergemetzelt und erschossen wurden, darunter auch Big Foot.

Der große indianische Medizinmann Black Elk schrieb in seinem Buch »Ich rufe mein Volk« über Wounded Knee: »Ich wusste damals nicht, wie gründlich es zu Ende war. Wenn ich jetzt von diesem hohen Berge meines Alters auf mein langes Leben zurückschaue, sehe ich die toten Frauen und Kinder so deutlich, als erblickte ich sie noch mit jungen Augen. Und ich begreife, dass noch etwas anderes im blutigen Schlamm gestorben und vom Schneesturm begraben worden ist. Der Traum eines Volkes starb dort. Es war ein schöner Traum.«

Um 1900 wurde die indianische Bevölkerung noch auf knapp 240 000 Menschen geschätzt. Inzwischen leben in den USA fast drei Millionen Menschen, die ausschließlich indianischer Abstammung sind, das sind 0,8 Prozent. Die Bevölkerung, welche nicht ausschließlich indianischer Abstammung ist, wird auf 4,5 Millionen Menschen geschätzt. Allein in den USA gibt es über 500 verschiedene Stämme. Rund ein Drittel wird durch den Staat nicht anerkannt.

1924 machten die USA die Ureinwohner – ohne deren Einverständnis – zu amerikanischen Staatsbürgern. Damit verloren die indianischen Völker ihren Status als souveräne Nation endgültig. Es folgten weitere Gesetzesänderungen zum Bodenbesitz und zum Status der Indianer, wie der Indian Reorganization Act (1934), der den amerikanischen Ureinwohnern eine beschränkte Selbstverwaltung einräumte, allerdings unter der Vormundschaft des Büros für indianische Angelegenheiten (BIA).

Zwischen 1934 und 1953 kauften die Indianer Land in der Größe von rund 12 800 Quadratkilometern zurück. Das BIA war inzwischen vom Kriegsministerium ins Innenministerium verlegt worden. Mit dem Termination Act (Beendigungs-/Schluss-Gesetz) aus dem Jahr 1953 legt die Bundesregierung ihre »Verpflichtung« den einzelnen Bundesstaaten in die Hände. Der Termination Act bezweckte die Integration der Indianer in die weiße amerikanische Gesellschaft. Dabei verloren die Indianer in den USA zwischen 1953 und 1968 noch einmal rund 9700 Quadratkilometer Reservatsland, und über hundert Stämme wurden aufgelöst.

Heute ist nur noch ein Bruchteil des im Vertrag von 1868 festgelegten Landes in indianischem Besitz. Die Pine-Ridge-Reservation der Oglala umfasst noch 11 000 Quadratkilometer.

Der Kampf um ihre Rechte und Landansprüche setzte sich in der zweiten Hälfte des 20. Jahrhunderts an den amerikanischen Gerichten fort. Ausdruck eines neuen Selbstbewusstseins war unter anderem die Gründung des »American Indian Movement« (AIM). Dessen Mitglieder besetzten 1973 während 71 Tagen Wounded Knee, die Gedenkstätte des Massakers von 1890. Erst dadurch erfuhr die Welt, dass die Ureinwohner Amerikas noch existieren.

Nachdem der Oberste US-Gerichtshof hatte zugeben müssen, dass es sich bei der Enteignung der Black Hills um »den größten Raub in der amerikanischen Geschichte« handelt, boten die USA den Indianern 146 Millionen Dollar dafür an. Die Indianer lehnten ab. Die Paha Sapa, ihr heiligstes Gebiet, war nie zu kaufen und ist es auch heute nicht. Die Lakota fordern die Rückgabe eines Teils des Landes.

Die Geschichte ist noch nicht abgeschlossen.

»Die Sioux-Nationen werden um die Black Hills kämpfen, bis wir sie zurückgewinnen. Und wir werden nie aufhören, bis wir gewinnen. Ich wäre schon lange gestorben, wenn ich nicht daran glauben würde, aber ich lebe... Manchmal bete ich. Das ist es, was sie tun, dort oben auf dem Bear Butte – beten. Und dort erhalten sie ihre Visionen. Früher gingen wir dort hinauf, um nach Medizin zu suchen, aber das können wir nicht mehr, weil überall Weiße sind. Und wir werden krank. Aber wir werden sie zurückbekommen. Viele von den Menschen, die um die Black Hills gekämpft haben, sind gegangen. Und selbst wenn ich gegangen bin, werden meine Enkel weiterkämpfen. Egal, was sie mit uns tun, wir werden weiterkämpfen, bis wir sie zurückhaben. Sie gehören uns.«
Seth Red Shirt, Oglala-Lakota

Glossar

500 Miles Run
ein jährlicher Lauf um die
Black Hills

Badlands
Mako sica – schlechtes
Land

Bear Butte
einer der heiligsten Berge
der Prärie-Indianer-Stämme

BIA
(Bureau of Indian Affairs)
Büro für indianische Ange-
legenheiten, Abteilung im
US-Innenministerium

Canjanjan
Tabak aus der getrockneten
Rinde der roten Weide

Cannunpa
die heilige Pfeife

Commodity Food
Teil eines Programms, das
die überschüssige Produk-
tion von Nahrungsmitteln
in den USA an Arme ver-
teilt. Auf diese Weise werden auch die Preise der
Farmer gestützt. Das
FDPIR (Food Distribution
Program on Indian Reser-
vations – Programm zur
Nahrungsmittelverteilung
in Indianer-Reservaten)
bringt einmal im Monat
Ladungen von verarbeite-
ten Nahrungsmitteln in die
Reservate. Anspruch darauf
haben Familien, die unter
einem von der Bundesre-
gierung festgelegten Min-
desteinkommen leben.

Give-away
das Weggeben, ein Brauch,
bei dem verschiedene
Dinge verschenkt werden

Green Card
permanente Aufenthalts-
bewilligung für die USA

Hanbleceya
Visionssuche

Heyoka
konträr, verkehrt

Indian Taco
frittierter Teigfladen, belegt
mit Hackfleisch, Bohnen,
Tomaten, fein gehacktem
Salat, Zwiebeln, Käse und
Salsa-Sauce

Inipi
Schwitzhütte, Schwitz-
hüttenzeremonie

intertribal
diverse Stämme betreffend

Kili
außergewöhnlich, sehr gut
in etwas

Lakota
Verbündete, Freunde

Mitakuye oyasin
Wir sind alle verwandt

**Nadowei-ssiu, Nadowesi,
Nadowesiw'**
aus dem Ojibwa: kleine
Natter – Abstammungs-
wort für Sioux

Oglala
sich selber zerstreuen

Paha Sapa
schwarze Hügel, die Black
Hills

Pow-Wow; Wacipi
indianische Tanzveranstal-
tung

Red Road
der rote Weg, eine Lebens-
philosophie

Reservat, Reservation, Res
Land, das für indianische
Stämme reserviert ist

Shade
(englisch) Schatten, ein
Kreis, der mit Ästen
bedeckt ist

Sioux
Begriff, der die Lakota,
Nakota und Dakota
bezeichnet

Spirits
geistige Wesen

Starquilt
aus vielen rautenförmigen
Stoffstücken zusammenge-
nähte Decke

Sweetgrass
Süßgras, wird, zu einem
dünnen Zopf geflochten,
an Zeremonien zum Räu-
chern benutzt, verbreitet
aromatischen Duft

Takoja
Enkel

Tatanka
Büffel

Tomahawk
axtähnliche Waffe

Timpsila
wilde Kartoffel

Tipi
indianisches Zelt,
Behausung

Tiyospaye
erweiterte Familie

Tunkasila
Großvater, auch Bezeich-
nung für Gott

Unci
Großmutter

Wakan Tanka
das große Heilige

Wanna waki
Jetzt kehre ich heim

Wasicun
von wasi icu = Fettesser,
Bezeichnung für die Weißen

Wasna
zerstampftes Gemisch aus
getrocknetem Fleisch und
gedörrten Beeren

Wicasa Wakan
heiliger Mann, Medizin-
mann

Wicincila
Mädchen

Wojapi
ein aus Beeren oder Kir-
schen gekochter Pudding

Wolakota
Friede, Freundschaft

Wounded Knee
»verletztes Knie«, Ort des
Massakers von 1890

Danksagung

Es gibt viele Menschen, Freunde, ohne deren Unterstützung, Beratung und Ermutigung ich dieses Buch nicht hätte schreiben können und denen ich von ganzem Herzen danken möchte, ich kann gar nicht alle mit Namen nennen. Allen voran möchte ich meinen Kindern danken: für ihre Geduld und ihre Ermutigungen. Und Dank an meine Mutter für ihre selbstlose Liebe und Unterstützung, die sie mir und meinen Kindern immer entgegengebracht hat und nach wie vor entgegenbringt. Großer Dank und Respekt an John Around Him, er hatte mir Monate vor seinem Tod die Erlaubnis gegeben, über Zeremonien wie den Sonnentanz zu schreiben. Er sagte: »Schreibe, wie du es erlebt und gesehen hast.« Dank an die ganze Around-Him-Familie für ihre Freundschaft und ihre Unterstützung. Und an meine Freundinnen, die mich immer wieder aufrichten!

Weiter danke ich meinen Lakota-Freunden, die mich in vielen Lakota-Themen beraten haben, dem Vorstand der Lakota-Waldorf-Schule, der unerschütterlich an dieses Projekt glaubt und an der Verwirklichung einer Vision arbeitet.

Dankbarkeit empfinde ich im Gedenken an zwei Menschen, die einen Teil ihres Lebens mit mir gegangen sind und in die geistige Welt zurückgekehrt sind: Bob Stadnick und mein Vater Alex Hartmann.

Ein riesiger Dank an das Team der Lakota-Stiftung: In unzähligen Stunden ihrer Freizeit engagieren sich die Mitglieder mit Herzblut für die Lakota-Kinder, ebenso wie die Vereine in Deutschland, Belgien und Holland. Und zuallerletzt, aber mit umso größerem Respekt, geht mein tiefster Dank an all die Menschen, die bekannten und unbekannten, die zum Teil seit Jahren mit ihren Spenden die Lakota-Waldorf-Schule überhaupt ermöglicht und uns durch die schwierigen Jahre treu begleitet haben.

Pilamaya ye – Danke!

Quellen

… wie der Hauch eines Büffels im Winter – Indianische Selbstzeugnisse, von T. C. McLuhan. 2. Auflage. Hamburg: Hoffmann und Campe, 1980

Freundschaft mit der Erde – Der indianische Weg, von Georg Bydlinski und Käthe Recheis. 7. Auflage. Wien: Herder & Co., 1998

Schwarzer Hirsch: Ich rufe mein Volk – Leben, Visionen und Vermächtnis des letzten großen Sehers der Ogalalla-Sioux, von John Neihardt (Hrsg.), 13. Auflage. Göttingen: Lamuv Verlag, 1996

Wisdomkeepers – Meetings with Native American Spiritual Elders, von Steve Wall und Harvey Arden. Hillsboro: Beyond Words Publishing Inc., 1990

A Song from Sacred Mountain – Lakota-Dakota and Cheyenne Interviews, introduction by Vine Deloria Jr, Oglala-Lakota Legal Rights Fund, 1983

Begrabt mein Herz an der Biegung des Flusses, von Dee Brown. München: Knaur, 2007

Die Wunden der Freiheit – Von Beginn der Kolonisierung bis 1975; Selbstzeugnisse, Kommentare und Dokumente aus dem Kampf der Indianer gegen die weiße Eroberung und Unterdrückung in den USA. Reinbek bei Hamburg: Rowohlt, 1980

www.census.gov/

www.500nations.com

LAKOTA-STIFTUNG

Die Stiftung für die Lakota-Kinder

Ende Juni 2008 wurde die »Lakota-Stiftung« gegründet.
Mehr dazu und zu ihren Projekten erfahren Sie unter:
www.lakotastiftung.ch

Postanschrift:
Lakota-Stiftung
6000 Luzern

E-Mail: info@lakotastiftung.ch

Das Postcheckkonto für Spenden an die »Lakota-Stiftung«:
PC: 60-597406-2
IBAN: CH12 0900 0000 6059 7406 2
Clearing-Nr./BLZ 9000
BIC: POFICHBEXXX

Die Lakota-Stiftung ist als gemeinnützige Stiftung anerkannt. Spenden an die Lakota-Stiftung können von den Steuern abgezogen werden.

Der Bestseller

Susanna Schwager
Das volle Leben
Frauen über achtzig erzählen

262 Seiten, gebunden
mit Schutzumschlag
Mit Fotos von Marcel Studer
13,5 x 21,2 cm
ISBN 978-3-9523213-4-8
www.woerterseh.ch
(Auch als Hörbuch erhältlich)

In diesem Buch lassen zwölf Frauen ein ebenso schwieriges wie verrücktes Jahrhundert Revue passieren. Direkt und ungekünstelt erzählen sie von den Rollbahnen und Sackgassen des Lebens, von gefundenen und verlorenen Lieben, von Träumen und Tränen, schwerer Arbeit und blauen Nächten. Sie sprechen von ihren Geheimnissen, ihren Sehnsüchten und Kämpfen, ihren Erfolgen und Niederlagen. Susanna Schwager hat die Frauen in ihren guten Stuben, in einfachen Kammern, in Salons und Ateliers besucht und aus ihren Schilderungen ein schillerndes Kaleidoskop weiblicher Lebensentwürfe gewoben. Entstanden ist kein Lob des Alters, sondern ein Hohelied auf das Leben.